진로와 직업 탐색을 위한
잡프러포즈 시리즈 31

대통령을 만드는
정치
컨설턴트

진로와 직업 탐색을 위한
잡프러포즈 시리즈 31

대통령을 만드는
정치
컨설턴트

박시영 지음

인간은 본래 정치적 동물이다.
그러므로 국가 없이도 살 수 있는 자는
인간 이상의 존재이거나
아니면 인간 이하의 존재이다.

– 아리스토텔레스, Aristotle –

마케팅은 상품의 싸움이 아니다.

인식의 싸움이다.

– 알 리스, Al Ries –

CONTENTS

정치컨설턴트 박시영의

프러포즈

Propose!

명절날 풍경을 한 번 떠올려 볼까요?

모처럼 만난 가족이나 친척들 간에 정치 이야기를 하다가 얼굴을 붉힌 경험을 본 적이 한두 번은 있을 거예요. 그만큼 우리 국민은 정치에 대한 관심이 매우 높습니다. 높다 못해 아주 뜨겁고, 정치의식 또한 앞서 있죠. 특히 총선, 대선에 대한 관심도는 80%를 웃돌 정도이니까요. 정치권의 신뢰가 땅에 떨어진 지 오래이지만 욕하면서도 본다는 '막장 드라마'처럼 정치권을 질타하면서도 관심의 끈을 놓지 않고 있습니다. TV 뉴스의 앞 순서에 정치 이슈가 배치되는 것은 그만큼 정치가 세상 살아가는 데 중요한 영역이기 때문 아닐까요?

만약 정치가 국민 개개인의 삶에, 국가의 미래에 영향을 미치는 비중이 적다면 아마 국민적 관심도는 높지 않겠지요. 누가 대통령이 되든지 자신의 생활에는 아무런 변화가 없다고 생각하는 국민도 있겠지만, 정부 정책의 실패로 개인의 삶이 송두리째 망가진 경우가 없지 않다는 걸 많은 이들이 역사 속에서 체감했거든요. 대표적인 사례가 1997년 IMF 외환 위기였죠. 애꿎은 시민들이 일터에서 하루아침에 쫓겨나고 이루 말할 수 없는 고통을 겪었어요. 이렇듯 시민 입장에서 정치는 떼려야 뗄 수 없기 때문에 정치에 대한 관심을 놓을 수가 없는 것이죠. 정치가 제 역할을 하지 못해 욕을 먹어도 제기되는 사회문제를 해결할 유력한 수단임은 분명합니다. 우리가 누리고 있는 지금의 민주주의는 그냥 주어진 것이 아니에요. 시민의 땀과 노력, 희생이 없었다면 새로운 역사는 쓰이지 않았을 거예요. 깨어 있는 시민의 투쟁과 노력으로 대통령 직선제를 쟁취하기도 했고, 촛불시위가 발판이 되어 현직 대통령을 탄핵한 경험도 우리에겐 있죠. 대한민국 공동체를 위해 주권자인 국민이 주권자로서의 권리를 당당하게 행사한 거라고 봐야 하지 않을까요?

정치의 백미는 선거입니다. 그러다 보니 선거 과정이 격렬합니다. 누가 대통령이 되느냐, 어느 당이 집권하느냐에 따라 개개인의 삶 혹은 미래 우리 아이들의 삶에 영향을 줄 수 있다고 생각하니까요. 선거철이 되면 편이 갈려 각자 지지하는 정당을 열렬히 응원하는 이유가 거기에 있습니다. 적극적인 시민들은 SNS를 통해 정치적 의사를 표출하고 투표 독려에 나서기도 하죠. 밤새워 개표방송을 뜬 눈으로 지켜보기도 합니다. 선거는 재미있습니다. 스포츠처럼 정해진 규칙에 따라 경쟁하고 결과가 곧바로 나오기 때문이죠. 반칙하는 정치인은 선거법이나 정치자금법에 의해 퇴출당합니다.

선거철이 되면 사진, 이름, 기호가 쓰인 선거 포스터가 곳곳에 붙습니다. 그런데 후보마다 슬로건이 다 다릅니다. 왜 그럴까요? 정치컨설턴트가 후보 특성에 맞게 적합한 슬로건을 만들어 줬기 때문이죠. 아마 여러분은 정치컨설턴트라는 직업 자체가 생소할 겁니다. 정치컨설턴트는 정치인의 자질이 보이는 사람을 발굴하여 정치에 입문시키는 일부터 선거가 없는 일상 시기에는 정치인의 이미지 관리 및 정치 현안에 대한 메시지 등을 자문하고, 선거 시기에는 계약을 맺은 정당이나 후보를 상대로 선거 콘셉트와 방향을 잡아 승리를 이끌어내는 역할까지 정치 분야에 있어 감초처럼 다양한 역할을 하는 사람들인데요. 한마디로 정의한다면 대통령과 국회의원을 만드는 사람이죠.

정치는 인공지능 시대에도 존재할 수밖에 없습니다. 세상이 존재하는 한 우리에게 닥칠 일자리 부족, 빈부격차, 계층 갈등, 온실가스 폐해, 권력형 비리, 대기업 횡포 등의 문제는 끊임없이 제기될 수밖에 없고 이해관계를 조정해야 하는 일이 늘 생길 텐데 이러한 일을 누가 풀 수 있을까요? 결국, 문제 해결의 현실적인 주체는 정치거든요. 그 때문에 다음 세대에도 정치의 중요성은 달라지지 않을 거예요. 그리고 정치가 존재하는 한 정치컨설턴트에 대한 관심은 갈수록 늘어날 수밖에 없겠죠. 최근 들어 공중파나 종편 등에 시사 프로그램이 급증한 데다 정치 이슈를 다루는 유튜브 시장이 커졌고, 국회의원들도 전문가인 정치컨설턴트에게 체계적인 자문을 받아야 한다는 인식이 형성되면서 정치컨설턴트 및 정치평론가에 대한 수요가 부쩍 늘어나게 됐어요. 물론 정치컨설턴트가 되는 과정이 결코 쉽지는 않아요. 이것저것 배워야 할 것이 많기 때문이죠. 여론조사도 알아야 하고, 마케팅에 대한 이해도 있어야 하며, 홍보 감각도 키워야 해요. 직관력과 통찰력도 필요하죠. 하지만 하나하나 배워가는 재미가 있습니다. 게다가 한 나라를 책임지는 대통령을 만드는 일, 신나고 보람 있을 것 같지 않나요?

대통령을 만드는 정치컨설턴트,
이 직업을 여러분께 프러포즈합니다.

첫인사

토크쇼 편집자 – 편

정치컨설턴트 박시영 – 박

편 먼저 자기소개를 부탁드려요.

박 반갑습니다. 저는 정치 컨설팅과 여론조사를 하는 윈지코리아컨설팅의 대표를 맡고 있는 정치컨설턴트 박시영입니다.

편 이 일을 하신 지는 얼마나 되셨나요?

박 정치 컨설팅을 직업적으로 한 지는 11년이 됐네요. 2009년에 회사를 설립했거든요. 하지만 정치 분야에 첫발을 디딘 것이 2001년이니 포괄적인 의미로는 19년 됐습니다.

편 정치컨설턴트는 생소한 직업인데 이 일을 하시게 된 계기가 있나요?

박 2001년에 정치에 관심을 가지게 된 계기가 있어요. 그 당시 '노사모(노무현을 사랑하는 사람들의 모임)'라는 노무현 전 대통령의 팬클럽이 있었어요. 사실 정치라는 것이 일반 시민들 입장에서는 멀게 느껴지잖아요. 정치는 정치인들이 하는 것이라는 생각도 있고요. 그런데 노사모에 가입하게 되면서 일반 시민들도 정치 참여를 적극적으로 할 수 있겠다고 생각하게 됐어요.

당시 여름 무렵에 노사모 서울지역 신입회원 상견례가

있었는데, 참석자 중에는 재수생도 있고, 형사도 있고, 주부도 있었어요. 직업도 참 다양하고 출신 지역도 제각각이고 회원에 가입한 사연도 다 다르더라고요. 전라도 출신이라는 이유 하나만으로 군대에서 엄청나게 맞았던 친구는 지역감정을 꼭 해소하고 싶다고 하고, 고졸인 친구는 학력 차별이 없는 사회를 만들고 싶다고 하고요. 광고업계 종사자는 특권과 반칙 없는 세상이 필요하다고 역설하더군요. 정말 각자의 삶에서 우러난 이야기를 쏟아내는데 감동 그 자체였어요. 이들의 진솔한 이야기를 듣고 엄청난 에너지가 느껴졌죠. 다양함 속에 강한 생명력이 꿈틀거린다고 할까요. '생활정치 시대'가 열릴 수 있겠다는 희망을 품게 되었죠.

노사모는 인터넷 모임답게 '아이디 평등주의'를 실현했어요. 70대나 10대나 모두 아이디 뒤에 '~님'을 붙이니까 나이를 떠나 서로 예우하게 되는 문화가 조성되었죠. 당시만 해도 꼰대 문화가 지배하고 있던 시절이었기 때문에 꽤 신선하게 다가왔어요. 노사모 내에는 직업, 학력, 출신 지역을 물어보지 않는 불문율이 있었는데 그것도 참 좋았어요. 노무현 전 대통령이 고졸이었잖아요. 그래서 대졸 못지않게 고졸 출신들도 꽤 많았죠. 그리고 밥을 먹어도 만 원씩 똑같이 내는 문

노사모 사무총장 시절. 명계남 대표와 함께.

16대 대선 민주당 광주 경선에서 노무현 후보가 승리한 날.

화도 좋았어요. 그 당시는 더치페이 문화가 아니라 돈 많이 버는 사람이 한턱내는 문화가 보편적일 때였거든요. 그러다 보니 돈 내는 사람에게 의존성이 커지게 되고, 수직적인 관계가 형성되는 폐단이 있었죠. 그런데 그런 문화 자체를 없애니까 좋더라고요. 한 마디로 수평적인 문화와 '정치야 놀자'라는 콘셉트가 노사모의 특징이었어요. 정치 엄숙주의를 문화로 승화시킨 거죠. '유쾌한 정치 반란'으로 노사모 활동이 조명될 만큼 재미있게 활동했어요. 그렇게 정치에 관심을 가지게 됐죠.

🔲 정치인 팬클럽인 노사모 활동이 정치와의 첫 만남인 셈이네요.

🔲 사실 1995년 지방선거 때 광진구청장 선거 참모로 뛰면서 실전 선거를 처음 체험했어요. 이후 구청에서 근무하다 벤처 사업을 하면서 정치에 대한 관심을 잠시 접었었죠. 그러니까 본격적으로 정치에 관심을 가지게 된 건 노사모 때였던 것 같아요. 노사모 활동을 하면서 자연스럽게 2002년 대선에 뛰어들어 노무현 후보를 대통령에 당선시키기 위해 노력했고, 이후 열린우리당을 창당할 때 당직자로 참여했어요. 2004년 총

선 과정에서도 있는 힘을 다해 뛰었죠. 노무현 대통령 탄핵에 대한 견제 심리가 작용해 17대 총선에서 열린우리당이 압승을 거둔 직후 그해 여름에 청와대에 들어갔어요. 청와대에서 여론조사비서관실 행정관(국장)으로 일했죠.

🔲 아, 청와대에서 근무하셨군요. 여론조사비서관실이라면 여론조사를 하는 곳인가요?

🔲 네. 맞아요. 여론조사비서관실은 각종 정책에 대한 국민의 반응·이미지·민심 등을 과학적으로 파악하기 위해 노 대통령이 직접 신설한 조직이에요. 그때 여론조사를 참 많이 했어요. 많이 할 때는 일주일에 3번씩도 했으니까요. 국정과제 및 정책 수요 조사도 하고, 정치 현안 및 대통령 이미지와 관련된 조사 등 국민 여론과 민심의 기저를 분석했어요.

그 업무를 수행하면서 정치를 하려면 민심을 정확히 읽을 수 있는 눈이 있어야 하고, 민심을 읽으려면 여론조사라는 도구를 반드시 활용할 줄 알아야 한다는 점을 깨달았어요. 특히 정당이나 정치인에게도 마케팅 개념이 필요하다는 것을 알게 됐죠. 상품이 잘 팔리려면 소비자의 마음을 읽어야 하잖아요. 마찬가지로 정당이나 정치인도 하나의 상품으로 볼 수 있거든요. 유권자에게 매력 있는 정당, 끌리는 정치인으로 인식되는 게 중요한데 그러려면 유권자의 마음을 잘 헤아려 어필할 포인트를 찾아야 해요. 그런데 정치권에는 여전히 그런 노력 없이 정치공학적 해석에만 얽매이는 풍토가 존재하고 있었거든요. 여의도 정치권의 시각은 선거 때면 어차피 유권자들은 유력 정당 중심으로 결집할 수밖에 없고, 정치하려면 정당의 대표나 힘 있는 계파 수장에게 줄 잘 서서 공천만 받으면 된다는 거거든요. 이런 풍토가 아직도 청산되지 않고 일부 남아 있긴 해요. 참 답답하죠. 새로운 정치 풍토가 뿌리내리려면 민간에서 통용되는 마케팅 개념을 반드시 정치에 접목해야겠다는 저나름의 확고한 신념을 갖게 됐어요.

편 마케팅 개념을 정치에 접목해야 한다는 생각 자체가 당시로는 획기적이었을 것 같아요. 그걸 실현하기 위해 정치컨설턴트의 길을 찾게 된 건가요?

박 네. 익히고 배운 내용을 정치적 격동기에 뛰어들어서 해보고 싶은 생각이 들었어요. 고민 끝에 2007년 봄에 청와대에서 나와 17대 대선 캠프에 결합해 선거 전략에 대한 실전 경험을 쌓았어요. 그 후 당에 들어가서 18대 총선 때 공천 조사와 판세 조사 등 여론조사 실무를 담당하기도 했죠.

　이런 일련의 과정을 겪으면서 정치컨설턴트 일을 본격적으로 해보고 싶다는 강렬한 충동이 생겼어요. 하지만 여건상 곧바로 회사를 창업하기는 어려워 일단 여론조사기관인 월드리서치에 들어가기로 결정했어요. 제가 청와대 여론조사 임무를 만 3년, 햇수로 4년 동안 했거든요. 그 당시 여론조사기관 책임자들과 교류하면서 여론조사 방법과 민심의 기저, 시대정신에 이르기까지 폭넓게 대화를 많이 나눴어요. 청와대 여론조사 담당자 중에 민심을 읽어내기 위해 의욕적으로 묻고 토론하는 사람은 처음 본다며 저를 꽤 호의적으로 대해줬어요. 허물없이 지내던 터여서 여론조사업체에 입사하는 문제도 그들과 상의해 결정했죠.

　사실 청와대 여론조사비서관실에서 근무할 때 일주일에 2~3회 여론조사를 했는데 주제 선정이나 설문지 구성 등을 외부 조사업체에 의존하지 않고 상당 부분 자체적으로 해결했어요. 그러다 보니 설문 항목 만들고 시사점을 도출하는 실력이 일취월장했죠. 정량조사는 물론이고 정성조사도 틈틈이 진행하며 민심을 심층 분석하는 훈련을 강도 높게 했거든요. 그래서 여론조사 업무를 나름 많이 안다고 생각했는데 막상

민간 여론조사기관에 들어가 '갑'이 아닌 '을'의 입장에서 일을 해 보니 청와대에서 경험해 보지 못한 또 다른 면이 있더라고요.

정부 기관이나 공공기관이 발주한 조사 용역 과제를 수행하면서 정부 부처와 산하기관이 어떻게 여론조사를 정책에 활용하고 있는지, 무엇이 문제이고 한계인지 생생하게 파악하게 됐죠. 재미있었고 값진 경험이었어요. 하지만 원래 꿈꿔왔던 정치 컨설팅, 정책 컨설팅을 제대로 해보고 싶다는 마음이 지워지지 않아 결국은 입사한 지 1년 만에 퇴사하고 창업하게 된 거예요. 전략이 강한 컨설팅 회사를 만들고 싶은 꿈을 펼치게 된 거죠.

편 이 직업을 프러포즈하는 이유는 뭔가요?

박 첫째, 시장의 가능성이에요. 사회의 갈등 기제가 더 커지고, 이해관계도 더 복잡해지고, 환경의 중요성 등 지속가능한 사회를 위한 특단의 대책이 요구되는 가운데 예산 배분을 둘러싼 정파 간 대립은 더 첨예화될 것으로 예상되는 등 논란과 갈등은 이어질 수밖에 없거든요. 이처럼 정치라는 영역은 앞으로도 건재할 텐데 정치적 훈련을 받은 청년이나 전문가 집단이 존재하지 않는다는 게 문제예요.

과거 80년대와 90년대에는 학생운동 등의 민주화운동 세력과 시민단체 활동가들이, 2000년대 들어와서는 법조계, 언론계, 학계, 관료 등 전문가 직종 인사들이 정치에 대거 입문했어요. 하지만 지금은 법조계 출신들만 강세를 띠고 있고 타 직군들은 많이 줄어들었죠. 무엇보다 아쉬운 것은 예비 정치인을 공급해주는 공급처가 사라졌다는 거예요. 그나마 다행스러운 점은 청년층의 목소리를 대변할 젊은 정치인이 국회의원 중에 많아져야 한다는 공감대가 정치권 내에 형성되고 있다는 겁니다. 기성세대에 대한 청년들의 불신이 큰 상황에서 청년 정치인을 우대하는 것이 선거 승리에 도움이 된다고 판단한 거죠. 이런 흐름은 앞으로 더 강화될 추세이기 때문에 지금의 10대가 사회에 진출할 시기가 되면 청년을 대표할 정치적 자원들에 대한 요구는 틀림없이 더 커질 거예요.

또한 요즘은 국회의원 보좌진 공채에 청년 지원자가 대거 몰린다고 해요. 연봉도 괜찮고 보좌진 경력을 쌓은 후 국회의원이나 지방의원 등에 직접 도전할 수도 있고 소속된 정당이 집권하면 청와대에 들어갈 기회도 있으니까요. 정치 시장을 블루오션으로 보는 건데, 저는 이들의 선택이 틀리지 않았다고 봐요. 잘한 결정이라고 격려를 보내고 싶어요.

사실 정치라는 영역은 상당히 넓어요. 정치인이라고 하면 대부분 대통령과 국회의원을 떠올리겠지만 도지사, 시장, 군수, 구청장 등과 같은 지방자치단체장도 있고, 도의원, 시의원, 구의원 등의 지방의원도 있죠. 이렇듯 정치컨설턴트의 자문 대상은 많습니다. 선거 때는 당선을 위한 활동이 주력이지만 일상적으로도 의정 활동 자문 등 할 일이 많아요. 그리고 요즘 패널로 방송 출연이 많은 정치평론가도 광의의 정치컨설턴트라고 할 수 있어요.

둘째, 굉장히 재미가 있어요. 정치와 스포츠, 그리고 게임의 공통점이 뭔 줄 아세요? 승부가 바로 난다는 거예요. 스포츠는 경기가 끝나면 바로 결과가 나오잖아요. 게임도 그렇고요. 정치도 마찬가지예요. 선거를 통해서 바로 결론이 나오죠. 그런데 우리 인생은 어떤가요? 인생 자체에 대해 값을 매기기는 쉽지 않잖아요. 과연 어떤 삶이 행복한 삶이고 어떤 삶이 잘 산 삶인지 누가 평가를 내릴 수 있겠어요. 쉽지 않죠. 기준도 모호하고 사람마다 중요하게 여기는 가치가 다 다르니까요. 하지만 스포츠나 선거는 결과를 바로 알 수 있어요. 정해진 규칙대로 경쟁하고 결과에 승복해야 하고 반칙하면 퇴출당하잖아요. 그런 반면 실패한 후 재기할 수도 있어요. 사람들이 열광할만한 재미와 매력이 듬뿍 담겨 있다 보니 푹 빠져드는 거죠.

셋째, 보람 있는 직업이에요. 정치컨설턴트는 전문성을 가지고 이야기하잖아요. 한 마디 한 마디의 말에 정치권이나 언론, 대중이 귀를 기울일 정도의 힘이 실려 있어야 해요. 그만큼 권위와 실력을 인정받아야 한다는 거죠. 정치컨설턴트가 자문한 대로 정당이나 후보가 캠페인을 잘해서 승리하는 순간은 정말 짜릿하고 보람 있어요. 정치컨설턴트에겐 대통

정치컨설턴트는 전문성을 가지고 이야기하는 직업이므로 각종
언론과 인터뷰도 많다. 고발뉴스와 인터뷰.

령을 만들고 국회의원을 만든다는 자부심이 있어요. 사실 이
일은 정권을 창출한다는 그런 자부심이 없으면 힘들어서 못
해요. 내가 한 정치 현안 자문에 대해 청와대나 정치권의 감
사 인사를 접할 때, 나를 만나고 싶어 하는 정치인이나 선거
출마자들이 늘어날 때, 방송 출연 요청이 급증하거나 유튜브
영향력이 커질 때 보람을 많이 느끼죠.

대통령을 만드는
정치컨설턴트

대통령을 만든다니요?
대통령은 원래 훌륭한 분 아닌가요?

편 대통령을 만든다니요? 대통령은 원래 훌륭한 분 아닌가요?

박 맞아요. 모두 다는 아니지만, 대부분의 대통령은 훌륭하죠. 하지만 훌륭하다고 모두 대통령이 될 수 있는 건 아니잖아요. 대통령이 되려면 스토리가 있어서 사람들에게 울림을 줘야 하고, 내세울 만한 성과가 있어야 하고, 어떤 나라를 만들겠다는 비전이 있어야 해요. 그런데 대통령 후보 혼자 힘으로 대통령이 과연 될 수 있을까요? 우리 사회에 대통령이 될 만큼 훌륭한 사람들은 많아요. 하지만 자기 힘만으로 대통령이 될 수 있는 사람은 거의 없다고 봐요. 정당과 참모, 열성적 지지자가 탄탄해야 도전이 가능한데, 참모 중에서 특급 참모는 정치컨설턴트라 할 수 있죠. 선거의 흐름을 읽고 전략을 자문하는 정치컨설턴트 없이 선거에서 승리를 이루기란 매우 어렵거든요.

과거에는 전문적인 컨설턴트 도움 없이도 선거에 승리할 수 있었던 시절이 있었어요. 하지만 지금은 대선의 경우에는 선거 1~2년 전부터 캠프를 차려요. 그때부터 전략 담당 외부 전문가가 합류하죠. 캠프 내에 선거 전략을 잘 다루는 사람들이 많지 않거든요. 저희 같은 정치컨설턴트가 그걸 담당하는 거예요.

대표님의 컨설팅을 통해
당선된 대통령이 있나요?

편 실제 대표님의 컨설팅을 통해 당선된 대통령이 있나요?

박 네. 바로 문재인 대통령이에요. 19대 대선 당시 문재인 후보의 전략 캠페인을 우리 회사가 수행했거든요. 당시는 이근형 전 대표가 책임자였고 저는 회사 부대표였는데, 제가 여론조사를 하고 전략을 세우는 실무 총괄을 맡았었죠.

편 구체적으로 어떤 일을 하셨나요?

박 당시의 고민은 호남지역에서 문재인 후보에 대한 지지도를 상승시킬 방안을 찾는 거였어요. 왜냐하면 대선 직전의 총선에서 국민의당 안철수 바람이 불면서 문재인 후보에 대해 시큰둥한 정서가 있었거든요. 대선을 앞두고 문재인 후보에 대한 호남의 밑바닥 정서를 끌어올리는 것이 관건이었죠. 민주당은 호남이 텃밭이고 여기에서 밀려난 후보는 대선 레이스에서 이길 수가 없거든요. 게다가 호남은 전략적 판단을 하는 곳이에요. 밉보인 정치인은 호되게 꾸짖지만 될 사람은 똘똘 뭉쳐 밀어주죠.

제가 가장 먼저 한 일은 호남의 정서를 파악하고 공략하기 위해 여론조사를 하는 것이었어요.

편 여론조사요? 여론조사가 선거에 도움이 되나요?

박 선거에서 이기려면 '전략'이 핵심인데, 전략은 바로 여론조사에서 나오거든요. 과학적 선거전략 수립 없이 선거에 나서면 나침반 없는 항해를 하는 것과 같아요. 그래서 전략을 다루는 사람은 여론조사에 대한 이해가 높아야 하죠. 저는 전략을 세우기 위한 여론조사 방식으로 정성조사인 'FGI(Focus Group Interview, 포커스그룹 인터뷰)'와 '웹 패널' 조사를 주로 이용해요. 가설을 검증하는데 가장 효과적인 조사 방식이거든요. 이런 조사들을 통해 문재인 후보에게 맞는 전략을 세울 수 있었어요.

편 문재인 대통령을 위해 어떤 전략을 세웠는지 궁금해요.

박 전략을 도출하기 위해서는 그에 맞는 조사가 우선 이루어져야 해요. 앞에서도 말했듯이 저는 FGI라는 조사 방법을 사용했어요. FGI는 일정한 자격 기준에 따라 선발된 소수의 인원(6~8명)으로 그룹을 만들어 모더레이터(moderator, 좌담회 사회자 역할)의 진행에 따라 정해진 주제에 대해 의견을 나누고 토론하는 방식이에요. 대선 때는 제가 직접 모더레이터를 맡아 진행했죠.

예를 들어 설명하면 나이, 성, 직업, 지역, 정치 성향 등에 따라 한 그룹에 8명씩 8그룹을 구성해요. 그리고 각 후보에 대한 호감도 질문을 해요. 당시 대선 후보로는 문재인 후보와 홍준표, 안철수, 유승민, 심상정 후보가 경쟁 후보였어요. 후보별로 호감 여부를 물어보니 8명 중 안철수 후보는 6~7명, 유승민 후보 5~6명, 문재인 후보 4명, 홍준표 후보 1~2명, 심상정 후보 4명 정도가 호감을 표시했어요. 호감도만 놓고 보면 안철수 후보가 압도적이었죠.

두 번째로는 호감 여부를 떠나 누가 '대통령감'으로 보이는지, 누가 준비된 대통령 후보로 비치는지 질문했어요. 8명 중 문재인 후보 7명, 홍준표 후보 4명, 유승민 후보 4명, 심상정 후보 3명, 안철수 후보 2명 정도였어요. 호감도와는 별개로 문재인 후보는 대통령을 수행할 준비가 됐다는 평가죠. 문재인 후보는 대선을 재수했고, 청와대 비서실장도 했고, 당 대표를 한 경험도 있으니까요. 보수와 진보 간의 호불호는 크게 엇갈렸지만, 대통령 준비를 많이 했다는 부분만큼은 대부분의 국민들이 긍정적으로 평가한 대목이었어요.

세 번째로 정당 평가에 대한 질문을 했어요. 각 정당이 집권을 맡을 만한 수권 정당인가라는 질문에 민주당은 8명 중 8명이 손을 들어요. 한국당은 6~7명, 국민의당은 1명이 손을 들었죠.

이런 조사를 바탕으로 다시 심화 질문을 해요. 국민의당 안철수 후보가 대통령이 됐을 때 가장 불안한 요소는 무엇인가? 어느 정당과 손을 잡을지 모르겠다는 의견이 가장 많았어요. 국회의원 의석수가 39석 밖에 없는 소수 정당이기 때문에 집권한다면 안정적인 국정운영을 위해서는 유력 정당과 손을 잡아야 할 텐데 민주당과 협력할지, 한국당과 협력할지 모르겠다는 거죠. 이 점에 대해 안철수 캠프의 입장이 없었거든요. 모호했죠. 그렇다면 문재인 후보가 대통령이 됐을 때 불안 요소는 무엇인가? 안보 문제에 대한 걱정이 많았어요. 그리고 문재인 후보에게 바라는 것이 하나 더 있었는데 바로 촛불정신의 구현이었어요. 대통령이 되면 적폐 청산을 확실히 해달라는 요구가 강했죠.

편. 단순히 어느 후보를 지지하느냐 정도가 아닌 굉장히 디테일한 조사를 하네요.

박. 여론을 정확하게 파악해야 하니까요. 자, 조사를 마쳤으니 이제 전략을 세워야죠. 첫 번째 전략적 기준은 적폐 청산, 즉 촛불을 구현하고 대변하는 맏형의 역할로 포지셔닝을 명확히 하는 것이었어요. 두 번째는 준비된 대통령의 이미지를 강화하는 것이었죠. 세 번째는 당과 후보를 결합해 시너지를 내야겠다는 판단이었어요. 지지율 측면에서 민주당이 국민의당을 압도하고 있었기 때문이죠. 안철수 후보와의 전략에서 당대 당 싸움을 강조하면서 국민의당은 '급조된 정당'이다, 어디와 손잡을지 알 수 없는 '불안한 정당'이라는 이미지를 강조했어요. 그리고 마지막으로 문 후보의 약점으로 거론된 안보 문

'나라를 나라답게'를 슬로건으로 내 건 19대 대선 당시 문재인
후보 선거 포스터.

제를 적극적으로 대처하는 거예요. 문재인 대통령이 공수부대 특전사 소속이었으니 오히려 적극적으로 치고 나간다는 전략을 세운 거죠. 그래서 제가 제안한 슬로건은 촛불의 정신이 오롯이 담긴 '나라다운 나라'였어요. FGI를 통해 어감 테스트도 했는데 긍정적인 반응이었고, 캠프 내에서도 토론을 많이 했다고 해요. 결국 전략본부의 안을 받아들여 홍보본부에서 문안을 가다듬었어요. 이런 과정을 겪어 최종 대선 슬로건으로 '나라를 나라답게'가 탄생했어요. 서브 슬로건으로는 '준비된 민주당, 든든한 문재인'이었어요. 당과 후보를 같이 묶어가는 게 더 유리하다는 여론조사 결과를 반영했죠.

슬로건이라는 건 단순히 멋있는 말의 조합이 아니에요. 치밀한 전략을 바탕으로 해서 나오는 거죠.

당시 신문광고. 확정된 슬로건은 신문광고 등 모든 캠페인에 사용한다.

전략을 바탕으로 한 홍보물. 준비된 대통령, 적폐 청산, 안보,
소통하는 대통령의 이미지를 명확하게 했다.

정치컨설턴트라는 직업에 대해 소개해 주세요.

[편] 대통령을 만든다니 멋있는 직업이네요. 하지만 어떤 일을 하는지 정확하게 잘 모르겠어요. 정치컨설턴트라는 직업에 대해 소개해 주세요.

[박] 한마디로 정의하면 민심을 대변하는 역할을 통해서 정치의 품질을 한 단계 높이는 촉매제라 할 수 있습니다. 정세를 분석하고 국정운영이나 선거 전략, 정당 이미지 등을 자문하는 역할을 하는 사람이죠.

[편] 구체적으로 어떤 일을 하나요?

[박] 정치컨설턴트라고 하면 대부분은 대선이나 총선과 같이 중요한 선거에서 유력 후보를 홍보해서 당선시키는 사람이라고 생각할 거예요. 하지만 그건 정치컨설턴트가 하는 일 중 일부분일 뿐이에요.

저는 유망한 정치 신인을 발굴하는 일부터 시작해요. 지금은 청년들에 주목하고 있어요. 20~30대 청년들 중에도 정치를 하면 잘 할 것 같은 친구들이 있거든요. 그 친구들을 제가 운영하는 유튜브 채널인 <박시영의 눈>에서 소개하고

민주당 경북도당 주최 정세 강연.

고양시 의원 대상 의정 활동 주제 강연.

있어요. 이런 일 외에 정치컨설턴트가 하는 일은 많아요. 국민의 마음을 읽고 그 정서를 청와대나 정당, 국회의원, 자치단체장, 후보자 등에 전달하는 역할도 하고, 정치권 시각과 민심의 간극을 파악해 정치 현안에 대한 대응 기조나 메시지를 자문하는 일, 정당 이미지 조사를 해서 개선 방향을 찾는 역할, 정당 관계자나 시민을 대상으로 한 정세 특강, 각종 방송사 시사 프로그램 출연, 공공기관이나 지방자치단체를 대상으로 한 정책 컨설팅 등 다양한 역할을 하고 있어요.

정치인이나 정당에는 서포터즈 역할을 하고, 국민에게는 정치 상황을 정확하게 볼 수 있도록 안내자의 역할을 하는 셈이죠. 사실 제가 정치 컨설팅을 하는 이유도 국민의 마음을 잘 읽어서 청와대 직원이나 정당 관계자에게 국민이 원하는 바를 가감 없이 전달하고 싶어서예요. 민심의 대변자 역할을 하고 싶은 거죠.

편 정치에 관심이 많고 잘 알아야 하겠네요.

박 무엇보다 세상 돌아가는 일에 관심이 있어야 해요. 제가 청년들에게 하고 싶은 말은 모든 길은 다 정치로 통한다는 말처럼 정치라는 영역은 사회, 문화, 경제가 다 맞물려 있다는 거예요. 그 때문에 정치컨설턴트는 세상 돌아가는 일에 관심이 있어야죠. 사람들의 삶에 대해 관심이 있고 애정이 있어야 해요. 정치라는 것은 시민에 대한 애정이나 삶에 대한 애정이 없으면 안 돼요. 저는 정치를 하고 싶다는 사람이 있으면 세 가지 단서 조건을 붙여요.

첫째, 불의에 맞설 수 있는 배짱과 용기가 있어야 하고, 둘째, 사회적 약자를 먼저 생각할 수 있는 따뜻한 마음이 있어야 한다고 강조해요. 잘나가는 기득권층을 대변하는 것이 아닌 공동체 전체를 생각하는 마음이 필요하죠. 셋째, 문제 제기형의 스타일보다는 문제 해결형의 스타일이어야 해요. 이 세 가지 조건을 갖춘 사람은 정치에 진출해도 돼요. 정치컨설턴트도 마찬가지예요. 이런 마음가짐을 지닐 때 제대로 컨설팅을 할 수 있다고 생각해요.

우리나라에 정치컨설턴트가 본격적으로
등장한 것은 언제인가요?

편 우리나라에 정치컨설턴트가 본격적으로 등장한 것은 언제인가요?

박 미국은 1960년 케네디 선거 때부터 정치컨설턴트가 맹활약했어요. 정치컨설턴트의 아버지라 칭송받는 죠셉 나폴리탄 Joseph Napolitan이 케네디 캠프에 전략 참모로 참여해 조사 분석, 미디어 전략 등 선거 전략을 자문하면서 대선을 승리로 이끌었어요. 그러면서 정치컨설턴트가 화제가 됐었죠. 미국의 대통령 선거는 사실상 정치컨설턴트의 대결이라고 불릴 정도로 정치컨설턴트의 영향력이 막강해요. 1992년 빌 클린턴 승리는 제임스 카빌James Carville, 1996년 대선은 딕 모리스Dick Morris, 2000년 조지 W 부시 당선은 칼 로브Karl Rove 같은 당대 최고의 정치컨설턴트가 이뤄냈다고 해도 과언이 아닐 정도죠. 그만큼 미국 대선에서 정치컨설턴트의 위상은 절대적이에요.

우리나라는 미국과 비교하면 시작이 많이 늦은 편이에요. 정치 컨설팅을 전업으로 하는 정치 기획사가 처음 등장한건 1987년 일 거예요. 그 이전에는 군부 독재 시대였기 때문에 정치 컨설팅이 존재할 필요가 없었겠죠. 1987년 대통령 선거가 직선제로 바뀌면서 정치 컨설팅에 대한 관심이 최초로 생겨나기 시작했고, 1995년 1회 전국동시지방선거가 열리면서 '정치 시장'이 본격적으로 형성되기 시작했다고 봐야 할 것 같아요. 정치 컨설팅 업체가 하나둘 생겨난 셈인데, 미국과 비교하면 30년 정도 뒤처진 거죠. 하지만 우리나라 산업의 특징이 압축 성장이잖아요. 그런 면에서 정치 컨설팅 영역도 굉장히 압축 성장하고 있어요. 지금은 이 분야도 미국에 밀리지 않아요.

우리나라 대표적인 정치컨설턴트는 누구인가요?

편 우리나라 대표적인 정치컨설턴트는 누구인가요?

박 대통령을 만든 경험이 있는 정치컨설턴트와 그렇지 못한 정치컨설턴트의 위상은 크게 달라질 수밖에 없어요. 대통령 선거가 가장 중요한 선거이기 때문이죠. 그런 측면에서 보면 1987년 대선 때 노태우 캠프에 관여해 '중간평가'라는 아이디어를 낸 선거 승리에 기여하고, 1992년 대선에서도 김영삼 캠프의 캠페인을 주도하며 김영삼 정권 창출의 일등 공신으로 알려진 전병민 한국 정책연구원 고문이 1세대 대표적인 인물이에요.

2세대 대표적 인물로는 1996년 '밝은세상'이라는 기획팀을 만들어 여론조사에 기초한 선거 전략을 1년여 동안 자문해 오면서 김대중 대통령 당선에 기여한 이근형 민주당 전략기획 위원장이 있어요. 그는 이후 2002년 노무현 대선 캠프에 결합해 전략팀장으로서 정몽준과의 후보 단일화 여론조사를 막후에서 자문하기도 했고, 2017년에는 문재인 후보 캠프에서 전략을 자문해 승리를 이끌었던 인물이에요. 국민의정부와 참여정부 때 청와대에 들어가 대통령을 보좌하기도 했죠.

이근형 전 윈지코리아컨설팅 대표와 함께.

제가 청와대에서 근무할 때 제 직속 상관이었고, 윈지코리아 컨설팅의 전직 대표이기도 해요.

그 밖의 인물로는 1991년부터 최근까지 각종 선거에 자문을 하면서 언론에 칼럼을 쓰고 있는 '민컨설팅'의 박성민 대표와 미디어 '폴리뉴스'와 정치커뮤니케이션그룹 'e원컴'을 운영하고 있는 김능구 대표 등이 있습니다. 이들 외에도 방송계에서 두각을 나타내다 현실 정치인이 된 이철희 의원, 20대 총선 때 민주당 선거를 자문한 김헌태 대표, 박원순 시장 선거를 자문한 김윤제 변호사, 안철수 대선 캠프를 자문했던 유민영 전 청와대 비서관 등이 있습니다.

정치평론가와는 어떻게 다른가요?

편 정치평론가와는 어떻게 다른가요?

박 전략이 있느냐, 없느냐가 컨설턴트와 평론가를 구분하는 결정적 차이라 할 수 있어요. 평론가는 한 발 떨어져서 관망하듯 이야기하는 사람이에요. 정치 현안에 대해 거침없이 본인의 견해를 밝혀야 주목받을 수 있죠. 반면에 정치컨설턴트는 전략적 마인드가 수반되지 않으면 좋은 평가를 받을 수 없어요. 단순 비평이 아니라 해결 방안을 제시하고 어떤 질문에도 막힘없이 답변할 수 있어야 해요. 상대를 설득할 수 있는 능력도 탁월해야 하고요. 그런 점에서 본다면 정치평론가보다 더 심화된 콘텐츠를 보유하고 있어야 하며, 정치와 선거에 대한 노하우가 축적돼 있어야 가능하죠.

제가 방송에 출연하다 보면 방송국의 소개에 따라 정치평론가가 되기도 하고, 여론조사 전문가도 되고, 정치컨설턴트가 되기도 하는데 저는 전략적인 것을 늘 고민하고 있는 사람이기 때문에 정치컨설턴트로 불릴 때 더 좋아요.

편 우리나라 정치컨설턴트는 얼마나 되나요?

박 이름이 알려진 전문적인 정치컨설턴트는 30~40명 정도 되는 것 같아요. 그리고 방송과 언론 등 시사 프로에서 정치평론가, 시사평론가로 활동하는 사람은 대략 200명 가까이 될 거예요. 정치 컨설팅 회사와 선거기획사, 선거 여론조사 업체 등 광의의 정치 컨설팅 업종에 종사하는 사람은 1,000~2,000명 정도 되지 않을까 싶네요.

방송에 출연했던 여론조사업계 출신 정치컨설턴트들.

TBS 〈김어준의 뉴스공장〉에 같이 출연한 최배근 교수(왼쪽),
김진애 박사(오른쪽)와 함께.

성한용 기자가 진행하는 한겨레TV 출연진.

편 프리랜서로도 활동할 수 있나요?

박 정치 평론은 명성이 있으면 혼자 할 수 있어요. 하지만 정치 컨설팅은 개인보다는 팀이나 회사 체계로 움직이는 것이 더 효과적이에요. 여러 일들이 맞물려서 돌아가니까요. 예를 들어 홍보물 기획을 하더라도 콘셉트나 전략에 대한 이해가 적은 상태에서 작업에 들어가면 난감할 수밖에 없거든요. 전략 담당, 여론조사 담당, 메시지 담당, 캠페인 담당, SNS 담당 등 팀을 짜서 움직여야 시너지가 나와요. 회사 체계로 일하는 것이 훨씬 더 안정적인 구조라고 봅니다.

편 남녀 비율은요?

박 남녀 간의 차이는 없어요. 여성 중에서도 정치컨설턴트로 성장한 사람들이 적지 않아요. 남녀를 떠나서 세상을 보는 안목, 제도권 정치풍토 이해, 선거 실전 경험, 여론조사 노하우, 메시지 능력, 크리에이티브 능력 등을 쌓기 위한 노력이 더 중요해요. 선거가 종합예술이듯 정치컨설턴트도 종합적인 능력이 필요한 분야거든요.

정치컨설턴트의 가장 큰 매력은 무엇인가요?

편 정치컨설턴트의 가장 큰 매력은 무엇인가요?

박 선거에 나서야 하는 직업 정치인이 되지 않더라도 대우받으면서 광의의 정치를 할 수 있다는 거죠. 정당, 정부 기관, 지방자치단체 등은 우리 사회 공공분야에서 의사 결정을 하는 굉장히 중요한 기관들이잖아요. 그런 기관과 협력하며 공적인 영역을 자문할 수 있다는 것은 보람 있는 일이에요. 이를테면 청와대 비서관이나 서울시와 경기도의 고위 간부, 정당 지도부, 국회의원들과 국정 기조에 관한 얘기를 하기도 하고 시정·도정의 방향, 정치 현안에 대한 대처 방향 등 의견을 나누기도 하니까요. 넓게 보면 정치권의 핵심 인물들과 같이 일하는 거죠. 그러다 보니 여러 기회 요인이 많이 생기기도 해요. 정부 기관이나 정당에 발탁되어 중책을 맡게 되는 경우도 있거든요. 그리고 이 일은 정년이 없어요. 60대에도 일할 수 있죠.

편 단점에 대해서도 알려주세요.

박 전문가로 성장하기까지 상당한 시간이 걸린다는 거예요.

어느 정도 이름이 알려지기까지 10년 이상 걸려요. 다양한 경험을 쌓고 여러 분야의 영역을 이해하는 과정을 견뎌야 하는데 조바심을 내지 않고 그걸 견뎌 낼 수 있느냐 없느냐가 관건이죠. 그리고 무엇보다 정치 영역에 흥미를 갖고 있어야 하겠죠. 관심 있는 일이라야 더 집중하게 되잖아요. 끝으로 성실해야 해요. 정치권에 있는 사람들이 성실하지 못하면 탈락이에요. 정치인들이 게으를 것 같지만 아침 여섯 시에 조찬 모임을 하는 등 굉장히 부지런하거든요. 그러니까 정치인과 같이 일하는 정치컨설턴트도 마찬가지로 부지런해야 하겠죠. 트렌드에도 민감해야 하고요. 컨설턴트는 늘 깨어 있어야 해요. 저는 아이디어가 생각나면 즉각 스마트폰 메모장에 적어 놔요. 이것이 큰 자산이 됩니다.

편 수입은 얼마인가요?

박 컨설팅 비용은 책정하기 나름이에요. 정치컨설턴트는 명성이나 실력에 따라 받는 비용이 천양지차예요. 총선에서는 홍보물이나 여론조사 비용을 제외하고 컨설팅 비용으로만 2,000~3,000만 원 정도 받고 여론조사나 홍보물 제작비용까지 합하면 대략 1억 원 정도는 되죠. 대선의 경우에는 총선에 비해 최소한 2~3배 이상 많다고 보면 될 것 같아요. 그리고 방송에 출연하는 정치평론가 중에서도 유명한 분들은 월 2,000만 원 이상 수입이 될 거예요. 그 외에 얼굴이 알려지고 방송 출연 횟수가 하루 2번 정도인 정치평론가들은 월 800만 원 정도라고 알고 있어요. 이 외에 유튜브나 팟캐스트를 운영하거나 패널로 나가는 경우가 많고, 강연을 하는 분들도 있어서 모두 합하면 연봉 1억 5,000만 원 이상 될 겁니다.

편 선거 시즌 외에는 어떻게 수익을 창출하나요?

박 선거가 없는 해에는 청와대나 지방자치단체, 공공기관 등의 공공파트 여론조사와 정책 컨설팅을 주로 해요. 그리고 재

컨설팅했던 변호사협회(왼쪽)와 치과협회(오른쪽)의 협회장 선거 포스터.

미있는 게 선거가 총선, 대선 등 정치권 선거만 있는 게 아니에요. 각종 협회장 선거, 노조위원장 선거 등이 숱하게 많아요. 1만 명이 넘는 회원이나 노조원을 상대로 선거하는 경우에는 마케팅 개념이 적용되어야 하기 때문에 저희 같은 컨설턴트를 찾아요. 제가 변호사협회장, 치과협회장, 한의사협회장, 금융권 노조위원장 선거를 맡아 승리를 이끌어 보기도 했어요. 사실 공공파트의 정책 컨설팅이나 여론조사는 일상적인 업무라고 할 수 있어요. 총선과 지방선거 등은 2년에 한 번 꼴로 교차해 치러지니까 선거 시기가 다가오면 공공파트 업무에 선거 업무가 더해진다고 보면 돼요. 부가 영역이 발생하는 거죠.

물론 공공분야 정책 컨설팅이나 여론조사 업무를 거의 하지 않고 선거 때만 주로 활동하는 선거기획사의 경우는 선거 시즌이 아닌 평상시에는 회사 인력을 줄여서 긴축 운영을 해요. 선거 때는 인력을 대거 보충하고요. 선거기획사 중에는 선거 때 당선시켰던 의원의 의정 보고서를 만들어 주거나 SNS 홍보를 대행하는 업무를 하는 경우도 있어요. 그것으로 회사 운영비를 충당하는 것이죠.

[편] 컨설팅 비용 산정 기준은 무엇인가요?

[박] 비용은 서비스 제공 범위에 따라 달라져요. 예를 들면, 여론조사 방법이 ARS 조사인지, 전화 면접 조사인지, FGI 조사인지에 따라 여론조사 비용이 달라요. 컨설팅 비용도 제각각이에요. 전략 수립만 할 것인지, 캠페인 전반에 대한 컨설팅을 할 것인지, 홍보 분야의 콘텐츠 제작은 어디까지 맡을 것인지 등에 따라 비용은 크게 달라질 수밖에 없거든요. 그리고

여담이지만, 누가 저에게 선거 자문을 받고 싶다고 잠시 시간을 내달라고 하면 저는 1시간 상담에 100만 원이라고 말해요. 변호사에게 상담료를 지불하듯이 정치 컨설팅도 비용을 제대로 지불하라는 의미죠. 이런 풍토가 정착돼야 정치컨설턴트의 위상이 높아질 것으로 생각하고 저부터 실천하고 있습니다.

컨설팅을 받고 21대 총선에 출마하는 남영희 후보.

당선되지 않은 경우에도 비용 청구가 가능한가요?

편 당선되지 않은 경우에도 비용 청구가 가능한가요?

박 당연하죠. 선거를 치르기 위한 활동을 했으니까 받아야죠. 물론 계약 범위에는 들어 있지만, 실행이 아예 안 된 것이 있는 경우는 진행한 것까지만 청구해요. 비용을 완납했는데 중간에 포기하거나 경선에서 떨어지는 경우도 있어요. 계약서에 명시된 대로 이행하는 편인데, 낙선한 후보 중에는 간혹 돈이 정말 없다며 읍소하는 후보들도 있어요. 상식선에서 해결하려고 노력하지만, 막무가내인 후보를 만나면 비용 문제로 다소 얼굴을 붉히는 경우도 있긴 해요. 사실 컨설팅을 아무리 잘해도 준비가 덜 되어 있는 후보인 경우는 승리하지 못할 수 있어요. 한계가 있죠. 그렇다고 당선이 확실시되는 후보만 컨설팅을 의뢰받을 수는 없는 거 아니겠어요? 확률이 좀 낮은 후보임에도 불구하고 해보겠다는 의지가 강해 컨설팅을 의뢰하면 맡을 수밖에 없죠. 그리고 지인의 부탁으로 맡는 경우도 있고요. 정치 신인의 경우는 출마 자체가 의미 있는 사람도 있어요. 다음 선거를 내다보는 경우죠. 정치를 계속하려면 컨설턴트와 좋은 관계를 유지하는 것이 좋아요.

우리나라 정치컨설턴트의 전망은 어떤가요?
수요가 많은가요?

편 우리나라 정치컨설턴트의 전망은 어떤가요? 수요가 많은 가요?

박 네. 이 시장에 대한 전망을 저는 아주 밝게 보고 있어요. 우리 회사에도 정치컨설턴트를 하고 싶다고 찾아오는 젊은 친구들이 있어요. 제가 방송과 유튜브로 알려져서 일을 배우고 싶다는 거예요. 대학 졸업하자마자 배우겠다는 친구들도 있고. 기특하죠. 일찍 시작할수록 남들보다 빨리 성장할 수 있어요. 앞으로 이쪽 분야의 시장이 더 커질 거라고 확신해요.

최근에는 몽골에서 선거 제안을 받았어요. 몽골의 총선과 대선에서 선거 캠페인을 진행해 줄 수 있느냐는 의뢰예요. 한류가 불면서 한국에 대한 동경심도 크고, 한국에 유학을 다녀온 젊은 몽골인도 많아서 한국의 선거 캠페인 능력이 뛰어나다고 판단하는 것 같아요. 그동안은 중국이나 러시아 업체들에 컨설팅을 맡겼는데 이제는 한국 업체로 바꿔보고 싶다고 하더라고요. 사실 우리나라는 최근 들어 여야가 빈번하게 교체될 정도로 격렬하게 맞붙었기 때문에 선거 노하우가 많거든요. 또한 디지털 기술이 앞선 나라여서 톡톡 튀는 창의적인 선거운동 방식도 많은 편이에요. 선거 전략이나 여론조사 기법, 사진 촬영, 동영상, SNS 선거전, 유세차량, 광고 등에 있어 아시아권에서는 가장 앞서 있고, 미국과 유럽에 비해서도 전혀 밀리지 않는 수준이죠. 일본은 자민당 독주체제여서 선거가 재미없고 그러다 보니 일본 국민들의 관심도 낮아 보이거든요.

우리나라의 문제점은 선거법에 제약 요소가 많다는 거예요. 선거법만 고치면 더 참신한 선거운동 방식이 가능할 텐데 좀 아쉽죠. 새로운 선거 캠페인을 받아들이지 못하는 규제 중심의 선거법이거든요. '돈은 묶되 입은 푼다'는 선거법 취지에 맞게 규제를 대폭 풀어야 해요. 불법적인 요소는 엄격히 규제하되 창의적인 선거가 이루어질 수 있는 풍토를 선관위나 정치권이 만들어줘야 해요.

몽골 측에서 저희를 접촉한 이유가 문재인 대통령의 전략 컨설팅을 했고, 각종 선거에서 당선시킨 성공 사례가 많아서라고 하더라고요. 또 저의 방송 활약상을 보고 신뢰가 간다며 제안한 거예요. 사실 예전에는 우간다에서 제안이 오기도 했어요. 아프리카에는 선거 비용 제한이 없고, 선거운동 방식에 규제가 없는 나라가 많아요. 헬리콥터로 이동하면서 홍보물을 뿌리기도 해요. 재미있긴 할 텐데 위험하죠. 컨설팅 잘못했다가 총 맞는 거 아냐?^^ 목숨을 위협받을 수도 있겠다는 걱정이 들더라고요. 결국 우간다 선거 제안은 말만 있었지 구체화하지 못한 채 무산됐어요. 하지만 이번 몽골 선거는 파급력이 클 것 같아 제안을 흥미롭게 지켜보고 있어요. 실제 성사될지는 더 지켜봐야 하겠지만, 된다면 적극적으로 뛰어들어 보려고요. k-팝처럼 선거 캠페인도 수출 가능한 분야라고 생각하거든요.

편 다른 분야로도 진출할 수 있나요?

박 네. 우선 당선된 후보 측에서 제안하는 경우가 많아요. 국회의원 선거인 경우는 국회 보좌관, 대통령 선거인 경우는 청와대 주요직 제안이 오기도 하죠. 광역단체장 선거인 경우에도 광역단체 고위직 제안이 오고요. 이처럼 상황에 따라 정치권에 스카우트되어 정치를 직접 할 수도 있고 정치평론가로 방송에 진출할 수도 있어요. 시사 프로그램 사회자로 발탁되는 경우도 있죠. 실력이 입증된 컨설턴트에게는 다양한 기회가 있어요.

인공지능 시대에도 필요한 직업인가요?

편 인공지능 시대에도 필요한 직업인가요?

박 물론이에요. 우리 사회의 양극화는 점점 심해지고 있고 경제성장률은 낮아지고, 저출산과 고령화는 가속화되고 있어요. 한편으로는 기후변화가 심각한 상태로 접어들면서 지구를 살리기 위한 특단의 대책이 요구되고 있어요. 기후변화를 막기 위한 대응 전략이 중요해졌죠. 대기업과 중소기업, 부유층과 빈곤층, 청년 세대와 노인 세대, 산업계와 환경단체 등의 대립과 갈등이 미래사회에서도 쉽사리 줄어들지 않을 거예요. 오히려 더 커질 수 있죠. 각자의 이해관계를 조정하면서 서민의 눈물을 닦아주고 국민에게 희망을 주는 것이 정치의 역할이잖아요. 복잡한 사람들의 이해 갈등을 조정하는 데 있어 인공지능의 도움은 필요할지 몰라도 AI에게 의사 결정을 맡길 수는 없죠. 민주주의 체제가 무너지지 않는 한 정치는 존재할 수밖에 없어요. 정치가 존재한다면 정치 컨설팅 분야는 반드시 필요한 직업이니까 인공지능 시대에도 존재한다고 봐요.

정치 컨설팅 분야에서 인공지능의 도움을 받을 수 있는

부분이 있기는 해요. 전화 면접 조사인 경우 상담원을 채용해야 하는데, 상담원에 대한 인건비 부담이 큰 편이에요. 유권자의 반응에 따른 대응 매뉴얼을 유형화하면 상담원 상당수를 AI로 대체할 수 있을 거예요. 그리고 여론조사할 때, 통화에 실패한 부재중인 경우 다시 시도하는 콜백^{Call Back} 시스템에 인공지능을 접목하면 시스템 고도화를 통해 시간 절약과 응답률 제고에도 도움이 될 수 있을 것 같아요. 하지만 인공지능이 과연 전략적 대응 방안까지 만들 수 있을까요? 그러려면 엄청난 시뮬레이션이 필요한데, 전략을 세우는 단계까지 해낼 수 있는 인공지능이 나온다는 것은 우리 사회의 90% 이상이 인공지능에 지배당했을 때 가능한 이야기죠.

전략을 세운다는 건 매우 어려운 일이에요. 전략이라는 건 기본적으로 맞춤형이어야 하거든요. 상황에 따라 달라지는 것이기 때문에 굉장히 많은 경우의 수를 대비해야 가능하죠. 후보의 특성과 경쟁자의 특성, 선거구의 특성, 정치 지형에 따라 기본 전략이 달라지고 새로운 이슈 등장 등 돌출 변수를 어떻게 통제할 수 있느냐 하는 점도 고려해서 전략을 짜야 하니까요.

1

정치컨설턴트의 세계

선거는 과학이고
후보는 상품이다

편 선거가 과학이라고요?

박 네. 후보는 상품이고 선거는 과학이에요. 상품이 잘 팔리려면 매력적인 요소가 있어야 하잖아요. 후보도 마찬가지예요. 후보를 매력 있는 상품, 끌리는 상품으로 만들어야 하죠. 사과 하나를 고르더라도 어떤 사람은 브랜드를 보고, 어떤 사람은 가격 대비 크기를 따지고, 표면에 흠결은 없는지, 색깔은 좋은지, 당도는 어떤지 등 다양한 기준에서 선택하잖아요. 그런데 유권자들이 후보를 선택할 때 기준이 없을까요? 각자 나름의 기준이 다 있을 거예요. 요즘은 후보의 소속 정당만 보고 선택하진 않아요. 정당이 중요한 변수이기는 하지만 공약도 따져 보고, 후보의 자질이나 도덕성, 태도, 소통 능력 등 여러 가지 요인들을 두루 살펴보죠.

선거가 과학이라는 말은 주관적인 판단이나 경험에 의존하는 것이 아닌 과학적 진단을 통해 전략을 수립해야 한다는 얘기예요. 과학적 진단의 매개체는 바로 여론조사이고요. 여론조사가 바탕이 되어야 과학적인 선거 전략을 세울 수 있거든요. 과학적으로 전략을 세우지 못하면 이것저것 찔러만 보다가 난관에 봉착하게 돼요. 핵심 이미지를 만들지 못한 채 말이죠. 예를 들어 어떤 후보가 가진 특성이 똑똑하고, 친근하고, 따뜻하고, 추진력도 강하고, 도덕적으로 깨끗한 면도 있다고 합시다. 좋은 요소가 많죠. 하지만 선거 캠페인을 하기 위해서는 후보의 특성 중에서 핵심 이미지를 정해야 해요. 그런데 그 이미지를 임의로 정한다? 그럼 선거는 망하는 거예요. 이미지를 과학적으로 도출하는 것, 그게 전략이에요. 여론조사를 통해 핵심 이미지 요소를 찾아내고 PI(President Identity, 후보 이미지) 전략을 세워야 하는 거죠.

편 후보의 핵심 이미지는 어떻게 도출하나요?

박 후보자의 강점 요인 중에서 경쟁 후보가 취약한 요소와 유권자가 선호하는 리더의 유형에 속하는 요소와의 교집합을 만들면 돼요. 이것들을 종합적으로 고려해서 목표 PI를 만들어야 해요. 핵심 이미지는 극대화하고 그 외 이미지 요소는 노출을 자제하죠. 그래야 핵심 이미지가 돋보이거든요.

전략에는 여러 측면이 있어요. 예를 들어 선거판을 시끄럽게 만들지, 조용하게 할지 선택하는 것도 전략이에요. 보통 후발 주자인 경우는 인지도를 높이려고 논쟁을 만들어요.

PI 콘텐츠   PI 커뮤니케이션

장점을 기반으로 전략적으로
소통할 수 있도록 최적화된 콘텐츠

정치 : President
정책 : Policy
개인 : Person

교집합을 넓혀 이미지 간의 Gap을
해소하는 커뮤니케이션 과정

전략적 포지셔닝 ⟶ 목표 PI 설정 ⟶ 액션 플랜

1. 후보의 자산과 잠재력에서 출발하되 확장적이어야 함.
2. 이미지와 정체성 뿐만 아니라 정책과 비전, 행보까지 일관성을 가져야 함.
3. 경쟁자에 맞설 대립 지점과 보완 지점을 만들어야 함.
4. 지지자 · 유권자 니즈와 정서, 시대정신에 부합하면서 혜택을 체감할 수 있어야 함.

PI 전략 1. 후보의 핵심 이미지인 '목표 PI' 수립 개념도

이슈를 자꾸 제기하고, 정책 발표회도 하고 여론조사도 빈번
하게 하죠. 공개 토론회를 제안하는 등 공세적인 자세를 취해
요. 반면에 상대적으로 인지도도 높고 우세한 현역 의원 같은
경우는 조용한 선거를 원해요. 쟁점이 붙는 걸 피하고, 토론
회도 가급적이면 회피하려고 하죠. 그런데 이런 경우도 조심

해야 해요. 너무 회피하고 도망만 다닌다는 인식이 형성되면 교만하고 오만해 보일 수도 있거든요. 그러면 역풍이 불죠. 적정선에서 관리하는 것이 과제인데 그런 사항까지 모두 관장하는 것을 전략이라고 해요.

선거에서 중요한 것은 무엇인가요?

편 선거에서 중요한 것은 무엇인가요?

박 한마디로 말하자면 '선택'이에요. 우선 누구와 싸울 것인지 결정하는 것이 중요해요. 상대 정당의 유력 후보와 싸울 것인지, 같은 당의 경선 후보와 싸울 것인지에 따라 전략이 달라지니까요. 그다음은 중점적인 공격 포인트를 정해야 하죠. 정권과의 싸움인지, 낡은 정치 형태와의 싸움인지, 아니면 정체된 지역 문제와의 싸움인지 등 무엇을 공격 포인트로 삼을지 결정해야 하는 것이죠.

그런 다음 어떤 도구를 사용할지 구상해야 해요. 정책적인 문제를 건드릴 것인가? 후보의 자질 등 인물을 부각할 것인가? 아니면 정치적인 문제를 거론할 것인지 정해야 하는 거죠. 또 포지티브 캠페인을 전개할지, 네거티브 캠페인을 전개할지에 대한 판단도 내려야 해요. 네거티브 캠페인이 무조건 나쁜 것은 아니에요. 물론 도를 넘으면 역풍이 불지만, 적정 수준에서 네거티브 선거전을 펼치면 제법 효과를 볼 수 있거든요.

편 정치컨설턴트의 역할 중에서 선거는 힘들면서도 재미있는 일일 것 같아요.

박 맞아요. 사실 선거는 과학이면서도 한편으로 보면 '쇼'처럼 비칠 수 있어요. 선거전이 이성보다는 감성에 의해 결정되거든요. 그래서 감성에 어필될 요소를 적극 발굴하는 것이 중요해요.

16대 대선 때 노무현 후보가 기타를 치면서 〈상록수〉를 부르는 TV 광고는 두고두고 화제가 됐어요. 감성을 자극해 친근하면서 따뜻한 이미지를 심어줬으니까요. 17대 대선 때는 이명박 후보가 허름한 국밥집에서 욕쟁이 할머니의 잔소리를 들으며 국밥을 맛있게 먹는 TV 광고가 빅히트를 쳤어요.

이미지 전략에 따라 헤어, 옷차림, 안경테, 목소리 톤, 화법 등을 바꾸기도 해요. 분위기를 바꾸는 것이 필요하기도 하니까요. 물론 모두 성공한다고 할 수는 없어요. 잘못했다가 거부감을 조성하는 경우도 있어요. 19대 대선 때의 안철수 후보 사례가 대표적이에요. 목소리 톤을 중저음의 굵은 톤으로 바꿨는데 갑자기 바꾸는 바람에 너무 어색하게 여겨진 거죠. 역효과였다고 생각해요.

16대 대선 노무현 후보의 TV 광고. 〈상록수 편〉

17대 대선 이명박 후보의 TV 광고. 〈욕쟁이 할머니 편〉

선거전에서 후보의 매력을 높이는 방법이 있나요?

편 선거전에서는 아무래도 후보의 매력이 중요할 텐데 후보의 매력을 높이는 방법이 있나요?

박 지역 정서를 파악해서 그에 맞는 방법을 찾아야 해요. 지역마다 선호하는 리더 유형이 다르거든요. 예를 들면 개발이 정체된 지역에서는 추진력이 강한 사람을 원해요. 그렇다면 추진력이 강한 후보로 보이도록 어필해야죠. 팔을 걷어붙이고 진취적인 모습을 보여주는 거예요. 반면에 소통하는 정치인, 친구 같은 국회의원을 원하는 지역에서는 시민의 이야기를 귀담아듣는 모습을 보여줘야 하겠죠. 이처럼 사진 한 장을 찍더라도 전략적 판단에 따라 연출 사진의 포인트가 달라질 수밖에 없어요.

메시지도 마찬가지예요. 만약 강한 이미지를 선호하는 지역인데 후보가 목소리도 작고 생김새도 곱상하다면 어떻게 해야 할까요? 이럴 때는 홍보물을 통해 강한 이미지를 어필하는 방법이 좋아요. 글씨체를 고딕 계열의 두꺼운 활자를 사용하죠. 현수막, 포스터, 명함, 웹자보 등에 다 활용하는 거예요. 후보의 특성상 사람들이 원하는 후보의 유형을 채워주지

친근한 이미지를 강조한 선거 홍보물.

지역의 니즈를 강조한
선거 홍보물.

못할 경우에는 다른 요소에서 보완을 해야 해요. 사람 자체를 하루아침에 바꿀 수는 없으니까요. 이런 것이 전략이에요.

편 어떤 전략을 수립하느냐가 관건이군요.

박 우리 회사가 19대 대선 때 문재인 후보의 전략 컨설팅을 맡았잖아요. 그런데 문 후보의 당내 경쟁자였던 박원순 시장 캠프의 전략 참모가 저에게 찾아와 도움을 요청한 적이 있어요. 그때 저는 대뜸 그런 질문을 했어요. 1등 전략을 취할 거냐, 2등 전략을 취할 거냐고 물었죠. 2등 전략이 뭐냐고요? 이번 선거에서 당선될 가능성은 낮지만 다음 선거를 염두에 두고 전략을 수립하는 것이 2등 전략이에요. 이번 대선은 힘들지만 5년 뒤 대선의 가능성을 염두에 두고 긍정적 이미지와 자산을 확실하게 남기는 전략이죠. 후보 모두가 당선될 수는 없잖아요. 지지율이 낮거나 정치적 존재감이 미약한 경우에는 2등 전략을 세워야 해요. 이번 선거에서 얻을 수 있는 이미지를 고민해야 하는 거죠.

편 박원순 시장은 2등 전략을 취했나요?

박 제 충고와는 반대로 박원순 시장은 그 당시 1등 전략을 고집했어요. 지지율에서 크게 앞서가던 당내 경쟁 상대인 문재인 후보를 강도 높게 비판했는데 비판의 수위가 도를 넘었어요. 당시는 문재인 후보와 박원순 후보를 모두 좋아하는 '동시 호감층'이 꽤 많았는데 이들 중 상당수가 그런 박 시장의 태도를 보고 등을 돌렸죠. 박 시장 캠프에서 박원순 후보의 이미지에 전혀 맞지 않는 무리수를 던진 거예요. 비호감도가 급증했고 대선 지지율이 더 낮아져 결국 중도 하차를 하게 됐죠. 박 시장은 대선 이후 한동안 슬럼프에 빠졌어요.

　전략을 세울 때는 종합적인 판단을 해야 하는데 의욕만 앞서면 이런 결과가 초래되기도 해요. 유재석 옆에 박명수가 있듯이 전략에는 1등 전략만 존재하는 게 아니에요.

선거에서 이기는 비결이 있나요?

편 선거에서 이기는 비결이 있나요?

박 선거는 프레임과 콘셉트의 싸움이에요. 의뢰받은 정당이나 후보에게 유리하도록 정치컨설턴트가 싸움의 틀을 만들어 줘야 해요. 프레임을 만드는 거죠. 프레임을 만든다는 것이 어렵게 느껴질 수도 있는데 어릴 때 했던 '딱지 붙이기' 게임과 비슷해요. '딱지 붙이기'란 어떤 내용이 적힌 딱지가 등에 붙여진 사람은 그 딱지의 내용으로 규정되는 놀이를 말해요. 선거 프레임 요령도 유권자가 정해진 틀(프레임) 속에서 선거를 바라볼 수 있도록 한다는 점에서 이것과 비슷해요.

21대 총선을 앞둔 시점의 뉴스를 잘 파악해 보세요. '정권 심판론'과 '보수 야당 심판론' 중에 어느 것이 더 약발이 먹힐까?라는 언론 보도들이 나와요. 이런 보도 자체가 선거 프레임이에요. 이 외에도 '안정론 대 견제론', '미래냐 과거냐', '일하는 정당 대 떼쓰는 정당', '문재인 대 황교안', '종북 심판론', '경제 위기론' 등 온갖 프레임이 난무하고 있어요. 이런 상황 속에서 유권자가 어떤 프레임에 더 영향을 받을지, 누구를 심판 대상으로 삼을지 저도 궁금하네요.

📧 정치컨설턴트가 프레임도 만든다니 놀랍네요. 선거가 임박했을 때 콘셉트는 어떤 것이 좋을까요?

📧 선거전은 이성보다 감성을 자극하는 것이 더 효과적이에요. 특히 상대적으로 정치 관심도가 낮은 여성이나 청년을 타깃으로 한 감성 마케팅이 주목을 받아요. 2011년 서울시장 재보궐 선거에서 박원순 후보의 '낡은 구두 사진'이 언론에 소개되면서 대박을 터트렸잖아요. 사람들이 열광했어요. 그 사진 한 장에 시민운동가로 평생을 몸 바쳐온 박원순 후보의 청빈

조세현 사진 작가가 트위터에 올려 화제가 됐던 박원순 후보의 신발 사진. (출처: 조세현 작가 트위터)

한 삶이 녹아들어 있었기 때문이죠. 믿을 수 있는 사람이라고
확신한 거예요.

　유튜브나 웹자보 등의 뉴미디어 홍보전도 이성보다 감성
을 터치하는 게 효과적이에요. '당신의 삶과 다르지 않다'는
친숙함을 드러내는 것에 홍보의 초점을 두는 것이 좋아요.

편 선거에서의 승리를 위해 정치컨설턴트가 해야 하는 일은
무엇인가요?

박 선거에서 이기기 위해서는 정치컨설턴트가 먼저 후보 측
과의 팽팽한 기 싸움에서 이겨야 해요. 선거 컨설팅의 초반 성
패가 여기에 달려 있다고 해도 과언이 아니죠. 후보 측의 기에
눌리면 컨설턴트가 제 역할을 할 수 없거든요. 내용 우위를 바
탕으로 탐색전 성격의 첫 미팅이나 전략 브리핑을 하는 회의
에서 후보 측을 압도해야 해요. 수많은 질문에 막힘이 없어야
하고, 선거의 맥을 짚으면서 좌중을 장악해야죠. 그래야 컨설
턴트의 필요성이 인정되고 권위가 확실히 설 수 있어요.

편 후보가 할 일은 뭔가요?

박 후보 본인에게 유리하게 선거판을 만들어야죠. 그러려면
선거의 성격 규정부터 시작해서 싸움의 상대를 설정하고 유
권자 공략 대상, 캠페인 차별화 포인트, 핵심 메시지와 기획,
핵심 이미지, 자원 배분 원칙 등이 일목요연하게 갖춰져야 해

요. 특히 자금, 인력, 일정 등 자원에 대한 안배가 중요하죠. 후보자가 직접 자원 안배에 대한 기준을 세워두어야 해요. 저는 후보자에게 단계별로 어떻게 진행할 것인지 결정한 다음 선거에 뛰어들라고 충고해요.

그리고 출마 명분이 뚜렷해야 해요. 후보자가 어떤 세상을 바라는지, 당선되면 무엇을 바꿀 것인지에 대한 포부를 구체화해야 하죠. 출마 명분이 뚜렷하지 않으면 유권자는 물론 지인들도 설득하기 힘드니까요.

후보자 이미지 메이킹에서 가장 먼저 고려할 사항은 무엇인가요?

유권자의 이상적인 리더상^{ideal type}이 무엇인지 파악하는 게 중요해요. 시대가 바뀌면 유권자가 요구하는 이상적 리더 이미지 자체가 바뀌니까요. 예를 들면 이명박 전 대통령은 추진력 있는 경제 대통령을 원하던 시기와 맞았어요. 그렇지만 이후 10년 동안 불통 정권이 이어지니까 소통하는 대통령, 친구 같은 대통령을 원하게 되는 거예요. 문재인 대통령은 이런 시대적 요구와 잘 맞았던 거죠. 이렇듯이 선호하는 리더의 이미지는 시대에 따라 달라져요. 전임 대통령 또는 전임 국회의원이 어떤 태도를 보였느냐, 지금 시대는 어떤 시대냐 등을 먼저 조사해 봐야 해요. 그런 후 유권자의 니즈^{Needs}에 부합한 이미지 전략을 세우는 거죠.

이미지 전략도 과학적으로 도출해요. 예를 들면, 대립하는 이미지 요소들이 있어요. 능수능란한 대 순수한, 과감한 대 치밀한, 원칙적인 대 유연한, 냉철한 대 따뜻한, 이성적인

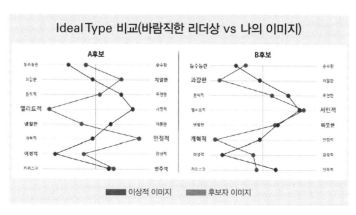

PI 전략 2 : 후보의 이미지 전략 수립을 위한 설문문항 예시.

대 감성적인, 개혁적인 대 안정적인 등과 같이 대칭적 형용사를 나열해서 유권자들에게 당신이 뽑고 싶은 이상적 이미지가 어디 있는가, 아울러 유력 후보들은 어떤 이미지가 떠오르는지를 선택하게 해서 이미지 지도를 만드는 거예요.

이걸 바탕으로 컨설팅을 의뢰한 후보의 취약점이 무엇인지 분석을 해요. 경쟁자와 비교 분석도 해보면서 이미지 전략을 도출하는 거죠. 목표로 설정한 핵심 이미지는 후보 본인이 가지고 있는 요소이기도 하고 유권자의 이상적인 이미지 요소에 부합되기도 하죠. 후보의 이름 앞에 붙는 슬로건인 '브랜드 슬로건'도 이미지 전략을 통해 만들어요. 예를 들어 소통하는 리더나 지역 일꾼의 이미지를 원하는 지역이라면 '우리 곁에 000', '늘 한결같은 000' 등과 같은 브랜드 슬로건을 사용하게 하죠. 이런 슬로건을 들으면 어떤 느낌이 드시나요? 친근한 느낌이 들죠? 바로 그걸 노리는 거예요.

편) 후보에게 없는 이미지도 부각할 수 있나요?

박) 가능하긴 하지만 시간이 오래 걸려요. 그건 별로 좋은 전략이 아니에요. 보통 1년 이상 캠페인을 진행해야 이미지를 만들 수 있거든요. 그렇기 때문에 캠페인을 통해서는 자신의 강점 이미지 요소를 극대화해 유권자에게 확실하게 각인시키는 전략이 더 효과적인 방법이에요. 단기간에 없는 이미지를 창출하는 것은 모험이 따르고 성공 가능성도 높지 않아요.

편) 슬로건을 도용당하는 경우는 없나요?

박) 보안을 중시하기 때문에 도용당하는 경우는 별로 없지만 늘 경계하긴 하죠. 슬로건은 실행하기 전까지는 캠프의 극소수만이 공유하는 것이 좋아요. 선거 시기에 보안은 생명이거든요. 그리고 슬로건은 선점이 중요해요. 나중에 경쟁 후보가

더불어민주당 영등포구청장 선거

탁 트인
영등포!
든든한
구청장

문재인과 함께
1 채현일

'탁 트인 영등포'를 슬로건으로 내세워 당선된 채현일 후보.

베껴 쓰더라도 막을 방도는 없어요. 먼저 치고 나가는 방법밖에 없죠. 그래서 저 슬로건은 아무개 것이라고 시민들이 각인하도록 만드는 것이 중요해요.

2018년 지방선거 당시 영등포구청장 선거에 나섰던 채현일 후보에게 '탁 트인 영등포'라는 슬로건을 만들어 줬어요.

영등포구의 연상 이미지로 답답함, 지저분함이 떠올랐거든요. 물론 여의도처럼 번화한 곳도 있지만 영등포 관내에는 개발이 지체된 구도심이 많았고, 영등포역 주변에 노점상이 즐비해 있어 길을 지나가는 데 어려움을 겪었던 기억이 난 거죠. 채현일 후보가 당선된 후 민선 7기 영등포구 공식 슬로건으로 '탁트인 영등포'가 채택된 것을 보면서 희열을 느꼈어요.

📝 컨설팅할 때 후보자와 의견이 다르면 어떻게 하나요?

🅱️ 설득하되 체계를 밟아서 하죠. 아무 근거도 없이 말싸움하듯이 논쟁하면 동의 수준도 낮고 결론 도출이 힘들어요. 여론조사 결과와 타 후보 사례 등 구체적 근거를 가지고 설득하는 것이 좋아요.

정치컨설턴트의 자질 중에 커뮤니케이션 능력이 아주 중요해요. 저 같은 경우는 전략을 세우면 후보의 핵심 참모들을 모아 놓고 전략 브리핑을 해요. 질의응답도 받고 이견이 없을 때까지 토론해서 그 자리에서 정리하죠. 자, 이견 없습니다, 핵심 전략은 이렇습니다. 거기서 손뼉 치고 끝내야 해요.

사실 기본 전략은 크게 바뀌지 않아요. 하지만 캠페인을 전개하다 보면 나만 뛰는 게 아니라 경쟁 상대도 뛰잖아요. 그래서 기본 전략을 수립한 후 3개월 정도 지나면 유권자의 인식이 어떻게 달라졌는지 반드시 점검을 해야 해요. 중간 점검을 해서 초기에 세운 전략을 그대로 진행해도 될지, 수정해야 할지 판단을 해야 하죠. 만약 캠페인의 성과로 인해 선거

지형이 바뀌었고 그에 따라 전략을 수정했다면 수정된 전략에 입각하여 캠페인을 다시 전개해야 하는 거예요.

[편] 여러 명의 후보를 컨설팅하면 비슷해지는 경우는 없나요?

[박] 간혹 있긴 한데 많지는 않아요. 굉장히 고심해서 슬로건을 정하고 후보별 맞춤형 전략을 짜니까요. 그런데 시간이 촉박할 때는 좀 힘들긴 하죠. 20대 총선 때도 그런 경우가 있었어요. 후보 등록일 3~4일 전에 갑자기 지역구가 결정된 전략공천 대상자 3명이 우리 회사에 찾아와 컨설팅 의뢰를 했거든요. 여론조사 할 시간이 없어 직감적으로 슬로건을 만들고 전략을 수립했죠.

그 당시 찾아온 분이 동작갑에 출마한 김병기 후보였어요. 이분은 국정원 인사처장 출신이에요. 문재인 대표가 영입한 인사였죠. 그때만 해도 국정원이라면 댓글 공작이라는 이미지가 있던 시기였는데 김 후보는 이명박, 박근혜 정부 시절에 오히려 탄압받았던 인사였어요. 그래서 김병기 후보에게 '나를 위한 정치, 정의로운 나라'라는 슬로건을 줬어요. '정의'가 시대정신 중 하나였고 국정원 출신이지만 보수 정권에 탄

제20대 국회의원선거 동작갑선거구

예비후보자 홍보물

정의로운 나라
나를 지켜주는 정치

아직 동작을 잘 모릅니다.
더 많이 듣고, 더 열심히 뛰겠습니다.

아직 정치도 잘 모릅니다.
하지만 옳고 그른 것은 구별할 줄 압니다.
불의한 권력을 바로세워
정의로운 나라 만들기에 헌신하겠습니다.
오로지 동작구민과 국민만 바라보고 일하겠습니다.

2

정권교체 新병기
김병기

더불어민주당

동작갑에 전략 공천된 김병기 후보의 예비 홍보물.

압박았던 인사였으니까요. 문재인 인재영입 케이스였기 때문에 진보 성향의 유권자가 받아들일 슬로건으로 괜찮다고 생각했어요. 사실 국정원 출신이니까 왠지 주변 사람들을 지켜줄 것 같은 느낌도 있잖아요. 그런 점을 고려해서 '나를 위한 정치, 정의로운 나라'로 슬로건을 정하고 '정권교체 新병기,

김병기'로 브랜드 슬로건을 정했어요.

전략은 체계적으로 세우는 게 원칙이지만 시간이 촉박할
때는 감각적으로 접근하기도 하죠.

🔲 가장 기억에 남는 선거는 언제였나요?

🔲 19대 대선 때 문재인 후보 캠페인도 잊을 수 없지만, 그래도 개인적으로 가장 기억에 남는 선거는 16대 대선이에요. 제가 노사모 사무총장 출신이기도 했지만, 선거 과정이 워낙 극적이었으니까요. 노사모 열풍부터 시작해서 노 후보의 지지율 하락, 이회창 대세론, 정몽준의 등장, 후단협의 결성, 후보 단일화 성사, 정몽준의 노 후보 지지 철회 등 투표일 당일까지 일련의 과정이 정말 드라마틱했어요. 이회창 후보의 지지도가 워낙 높아서 역전은 불가능할 것처럼 보였는데 후보 단일화와 낡은 정치를 바꾸려는 국민의 열망 덕분에 노무현 후보가 승리할 수 있었어요. 'OLD 대 NEW'의 구도로 캠페인을 전개한 노 후보 측의 전략도 돋보였죠.

그리고 2018년 경기도지사에 출마한 이재명 후보 컨설팅도 기억에 남아요. 이재명 후보는 여론조사를 해 보니 유능함과 선명성 2가지 핵심 이미지가 존재했어요. 이 중 무엇을 앞세울지 고민하다 유능함으로 정했어요. 진보층이 선명함을 좋아하긴 하지만 중도층은 유능함을 더 좋아하니까 본선 경

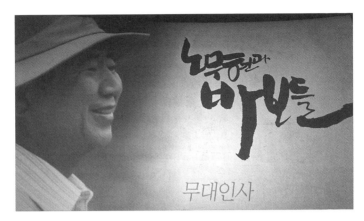

2019년 고 노무현 전 대통령 서거 10주년을 기념하는 영화
《노무현과 바보들》에 출연하기도 했다. 사진은 시사회 장면.

《노무현과 바보들》 시사회 후 출연한 노사모 회원들과 함께.

경기도지사 선거 이재명 후보의 웹자보.

쟁력 우위를 강조하는 전략을 구사한 거죠. 이 후보가 성남 시장을 잘했기 때문에 일을 잘한다는 이미지가 워낙 탄탄했어요. 민주당 지지층뿐만 아니라 타 정당 지지층도 이재명 후보가 유능하다는 것은 인정하는 부분이었으니까요. 일 잘한다는 이미지를 극대화하는 것이 가족 문제 등 개인사에 대한 논란의 파장을 줄일 수 있는 현실적 방안이기도 했죠.

편 컨설팅한 후보 중에 당선되지 못한 경우 후속 조치는 어떻게 하나요?

박 사실 제가 그런 걸 잘 못해서 반성하곤 해요. 후보가 연락 오면 반갑게 받는데, 제가 먼저 연락을 하기는 어렵더라고요. 떨어진 사람을 따뜻하고 살갑게 위로해 줘야 하는데 항상 미안한 마음이죠. 떨어진 후보만큼이나 그 일을 맡아 마음고생이 심했던 우리 직원들도 상실감이 크거든요. 그래서인지 우리 직원들을 먼저 챙기게 되더라고요.

낙선 후 다시 도전하는 분들 중에는 먼저 연락을 해서 이번에는 꼭 만들어 달라며 컨설팅을 의뢰하는 분들도 있고, 재도전을 하더라도 저희에게 컨설팅을 맡기지 않는 분들도 있어요. 다양합니다.

성공적인 정치컨설턴트의 비결은 무엇인가요?

[편] 성공적인 정치컨설턴트의 비결은 무엇인가요?

[박] 정치컨설턴트의 힘은 첫째 정확한 민심을 읽는 눈에서부터 나와요. 정세분석이 그래서 중요하죠. 과학적인 정세분석의 토대 위에서 전략, 대응 기조를 세워야 해요. 이와는 별개로 직관력도 중요하죠. 물론 처음부터 직관력이 생기는 건 아니니 훈련을 해야 해요. 제가 하는 훈련은 질문을 많이 받는 거예요. 정치와 관련해서 궁금한 모든 걸 물어보라고 해요. 법륜스님의 '즉문즉설'과 비슷한 개념이죠. 예기치 못한 질문에 답을 하면서 순발력도 키우고 자신의 생각도 정리할 수 있어 좋아요.

둘째로 트렌드에 민감해야 해요. 과거에 적용했던 예전 방식만 고집해서는 안 돼요. 직전 선거에서 유행한 캠페인이 뭔지, 유권자가 무엇에 민감하게 반응하는지, 시대정신은 무엇인지 등에 대해 늘 고민하고 새로운 흐름을 수용할 줄 알아야 해요.

셋째로 상대방을 제압할 수 있는 기가 중요해요. 전략을 잘 세우는 것도 중요하지만 관철하는 것은 더 중요하니까요.

특히 각 캠프 진영에는 선거를 여러 번 치러본 쟁쟁한 참모들이 많잖아요. 그들과의 기 싸움에서 절대 밀리면 안 돼요. 전략 브리핑 때 어떤 질문에도 시원스럽게 답변해야 하고, 그 자리에서 상황을 정리해야 해요. 모든 걸 다 알 수는 없지만, 맥을 읽을 줄 알면 질문에 대해 얼마든지 대처할 수 있어요.

2

정치는
복합예술이다

정치인과 친하신가요?

편 정보를 얻기 위해 정치인들과도 교류가 있어야 할 것 같은데 정치인과 친하신가요?

박 저는 굳이 정치인들과 인맥을 만들려고 하지 않아요. 가능한 한 친하지 않으려고 노력해요. 물론 아예 만나지 않을 수는 없지만 억지로 술자리를 하지는 않아요. 과거 정치컨설턴트 중 일부는 정치인들과 만나 술자리나 식사하면서 관계를 형성하고 그 인연으로 컨설팅을 의뢰받는다고 들었어요. 하지만 그런 방식은 저랑 체질적으로 맞지 않아서 그렇게 하지 않고 있어요. 그리고 국회의원들을 자주 접하면 여의도식의 셈법에 함몰될 위험이 있어요. 그러면 안 돼요. 정치컨설턴트는 여의도 정치권의 생리도 알아야 하지만 민심을 더 잘 알아야 하는 위치예요. 민심이 우선입니다. 그래서 저는 정치권 논리에 휘둘리지 않으려고 업무와 관계없는 정치인과의 만남은 가급적 갖지 않으려고 해요. 정치인들에게 정식으로 컨설팅 계약을 해서 일로 만나자고 권유하죠.

정보는 어떻게 얻나요?

편 정보는 어떻게 얻나요?

박 다양한 루트를 통해 얻어요. 정치인에게 듣는 정보는 20% 이하일 정도로 낮아요. 정치계 소식은 방송, 뉴스 등을 통해 접하고 정치 커뮤니티, 팟캐스트, 유튜브 등의 뉴미디어를 통해 들어요. 청와대나 정부 부처, 정당에서 근무하는 사람들에게서 듣는 경우도 있고요. 그럴 때는 의사 결정권자의 고민이 뭔지 알아내 보려고 노력해요.

가장 원천적인 소스는 민심이에요. FGI 등 다양한 조사 방식을 통해 민심 기저가 무엇인지 파악하려고 노력하죠. 다른 회사의 조사 결과도 꼼꼼히 체크해요. 민심을 잘 이해하고 있으면 이슈가 터졌을 때 우리 국민이 어떻게 받아들일지 감을 잡을 수 있거든요. 민심을 모르면 사건이 터질 때마다 표면적인 것만 쫓아다니게 돼요. 정치컨설턴트는 민심을 잘 살펴야 해요. 현장을 떠난 정치컨설턴트는 생명력이 없어요. 현장의 기본은 여의도가 아니라 민심에 있거든요. 살아 움직이는 민심을 놓치면 관념에 빠지게 돼요. 정치공학적인 해석에 얽매이는 컨설턴트를 가끔 접할 때가 있는데 안타까워요. 낡은 레코드를 트는 것 같거든요.

"현장을 떠나면 죽는다."

이것이 정치컨설턴트가 항상 새겨야 할 말입니다.

방송에서 특정 정치인을 비난하기도 하는데
업무에 지장이 있지는 않나요?

편 방송에서 특정 정치인을 비난하기도 하는데 업무에 지장이 있지는 않나요?

박 방송에 패널로 출연도 하고 유튜브도 하고 있는데, 매체 간의 특성을 고려해서 정치인에 대한 비판의 수위도 다르게 적용해요. 방송에서는 과한 표현을 가급적 자제하는 편이죠. 특히 편파성 시비가 일 수 있기 때문에 선거가 다가올수록 더 주의를 기울이고 있어요. 하지만 유튜브는 달라요. 직설적으로 표현해야 시청자들이 좋아하거든요. 그러다 보니 일부에서는 사이다 방송이라며 시원시원하게 이야기하는 게 좋다는 반응도 있고, 다른 일부에서는 서로 알만한 정치인일 텐데 너무 혹독하게 비판하는 거 아니냐는 우려를 하기도 해요. 하지만 이런저런 눈치를 다 보면 오히려 일을 하지 못하죠. 정치인으로서 인신공격을 하려는 게 아니라 어떤 가치를 두고 잘못된 방향으로 가고 있는 정치인이나 행위에 대해서 비판하는 것이니까요. 인간적으로 믿고 싶다가 아닌데 거기에 대해서 동의하지 못하면 어쩔 수 없는 거죠. 제가 바라보는 좋은 정치, 좋은 세상을 위해서 잘못된 방향에 대해서는 쓴소리를 해야 한다고 생각하고 있거든요. 정치컨설턴트가 눈치를 보면 죽은 목숨이죠.

공중파 시사 프로그램과 YTN 등 뉴스 전문 채널 여러 곳에 출연해 정치 이슈를 분석하고, 선거 결과를 예측하면서 시청자와 만나고 있다.

KBS 1TV 한밤의 시사토크 〈더 라이브〉.

YTN 뉴스쇼 프로그램 〈더 뉴스〉.

KBS 1TV 정치토크 〈사사건건〉.

MBC 시사 토론 프로그램 〈MBC 100분 토론〉.

TBS 교양 토크 〈정봉주의 품격시대〉.

MBC 뉴스 〈이슈M 토크〉.

TBS 시사 프로그램 〈김어준의 뉴스공장〉.

고정 출연 중인 〈김어준의 다스뵈이다〉.

정치컨설턴트가 직접 정치를 하지 않는 이유는 무엇인가요?

편 정치컨설턴트가 직접 정치를 하지 않는 이유는 무엇인가요?

박 첫째는 돈 쓰는 일을 하고 싶지 않아서예요.^^ 정치하면 돈을 쓰게 되거든요. 둘째, 사람마다 각자 쓰임새가 있다고 생각해요. 정치인은 필드에서 뛰는 소위 선수이고, 저희는 이들을 뒷받침하고 만드는 메이커라고 할 수 있죠. 정치인은 대중 앞에 나서서 자신을 홍보해야 하잖아요. 제겐 그런 쪽의 일들이 맞지 않아요. 저는 판을 짜고, 기획하는 쪽이 좀 더 체질에 맞는 거 같아요. 셋째, 정치인은 공인이잖아요. 대중을 의식한 삶을 살아야 하죠. 공인은 매사 처신과 행동을 조심해야 하거든요. 많은 사람들이 알아보는 정치인의 삶이 얼마나 피곤하겠어요. 그리고 대부분의 정치인은 정당에 소속되어 있는데, 당에 불리한 이야기를 꺼낼 수 없어요. 반면 저와 같은 직업은 자유로운 비판이 가능하죠. 물론 전문가적 관점이 바탕이 되어야 하겠지만요. 이런 자유분방한 삶이 저는 좋아요. 그런 면에서 이 직업에 만족합니다.

이 일을 잘하기 위해서는 어떤 자질이 필요한가요?

편 이 일을 잘하기 위해서는 어떤 자질이 필요한가요?

박 첫째는 기본적으로 세상 돌아가는 일에 관심이 있어야 해요. 정치에 대해 흥미가 있어야 하죠. 둘째, 배움의 과정을 거쳐야 해서 오랜 기간 버틸 수 있는 끈기가 필요해요. 여론조사 방법, 홍보 감각을 배워야 하고 정치 메커니즘, 즉 현실 정치가 어떻게 운영되고 있는지 알아야 해요. 그리고 셋째로 균형 감각이 필요하다고 생각해요. 보수와 진보가 생각하는 틀이 다르잖아요. 그 다름을 알아야 해요. 자신의 정치적 소신과 무관하게 균형 있는 시각으로 세상을 바라볼 줄 알아야 해요. 그래야 우리 사회의 다양한 목소리를 들을 수 있어요.

편 최근에 유튜브 방송도 시작하셨는데 특별한 이유가 있나요?

박 첫째는 정치를 보는 안목을 넓혀 주고 싶은 마음에서 시작했습니다. 정치 현장에서 일어나는 다양한 이슈를 저의 시각으로 말하고 싶었거든요. 방송에 출연해 보면 20~30분이라는 제한된 시간 내에서 정해진 주제에 대한 사회자의 질문에 답변하는 형태이다 보니 하고 싶은 얘기를 다 하지 못해요. 반면에 유튜브는 시간적 제약이 거의 없고, 제가 주제를 선정하고 이야기를 끌고 가는 구조이기 때문에 편하게 말할 수 있는 장점이 있죠. 제약 없이 이야기할 수 있어서 저 자신은 아주 만족스러워요. 구독자들도 다른 곳에서 듣지 못했던 이야기를 심층적으로 다룬다며 긍정적인 반응입니다. 예를 들면 지지도에 대한 내용을 언론에서 다뤘더라도 지지도에 영향을 미친 요소는 무엇이며, 선거에 어떤 파장을 몰고 올 것인지, 앞으로 주목해야 하는 변수는 무엇인지를 다루는 식이죠. JTBC가 한 걸음 더 들어간 뉴스라고 하면 저는 거기서 한 걸음 더 들어

간 정치의 속살, 정치의 이면 등을 제 시각으로 분석하고 알리고 싶어서 만든 거예요. 요즘은 공중파든 유튜브든 정통 정치 코너가 별로 없어요. 웃고 깔깔거리면서 가볍게 터치하는 방송은 많은데 깊이 있게 정치를 다루는 프로그램이 없는 것 같아요. 그래서 제 유튜브가 관심을 끌지 않나 싶어요.

둘째는 가치 실현 측면이에요. 저는 청년 정치인들이 많이 나오길 바라고 있고 그들의 참모습을 알리는 데 도움을 주고 싶어요. 정말 참신한 청년들이 있는데, 신인이기 때문에 인지도가 낮아서 고생하고 있거든요. 그들에게 도움을 주려고 신인 정치인을 소개하는 코너도 만들었어요.

〈박시영의 눈〉에 출연한 이제복 옐로소사이어티 대표(왼쪽).

편 진행하는 유튜브 채널을 소개해 주세요.

박 채널 이름이 <박시영의 눈>이에요. 김용민 TV와 함께 하고 있고, 매주 금요일 방송해요. 구독자가 많을 때는 50만 명, 적을 때는 20~30만 명 정도 되는 것 같아요. 팟캐스트 청취자(김용민 브리핑)도 30~40만 명 정도 된다고 하니까 전체적으로 70만 명 정도가 매주 보고 듣는 셈이죠.

유튜브 전에는 팟캐스트에도 출연을 했었어요. 2014년부터 2년 정도 인기 팟캐스트인 <정봉주의 전국구>에 고정 출연했었죠. 특히 2016년에는 제가 한 20대 총선 예측이 적중해서 화제에 오르기도 했어요. 그 당시 대부분 새누리당이 상

유튜브 채널 <박시영의 눈> 로고.

임세은 민생경제연구소장 출연을 예고하는 온라인 홍보.

당히 앞서갈 것으로 예측했는데 저는 '여당 과반 붕괴'를 예측
했거든요. 여러 데이터를 분석했기 때문에 예측할 수 있었어
요. 그 뒤 문재인, 안희정, 이재명 후보가 맞붙은 19대 대선
민주당 경선 때에도 각 후보별 득표율을 거의 100% 적중시켰

팟캐스트 〈정봉주의 전국구〉 출연 당시.

죠. 다양한 조사와 경험을 바탕으로 하기 때문에 가능한 일이에요. 그런 면에서 저를 믿고 신뢰하는 팬들이 좀 있어요.

편 와우! 적중률이 아주 높네요.

박 그래서 많은 사람들이 저를 여의도 족집게다, 예측력이 뛰어나다고 평가해요. 2010년 손학규, 정세균, 정동영이 맞붙었던 민주당 당 대표 선거 때에도 거의 적중했어요. 특히 2008년 18대 총선 때는 민주당 82석을 예측했는데 실제 81석을 차지했으니 거의 100%에 가깝게 적중했죠. 만 원씩 걸고 내기했는데 제가 이겨서 가져갔어요. 이런 예측이 가능한 이유는 관심과 과학적 분석이에요. 쟁점 이슈가 어떻게 흘러갈 것인지 관심을 두고 다양한 정보와 과학적인 데이터에 근거한 분석을 통해 종합적으로 판단해서 예측하는 거죠.

'여의도 족집게'라는 제 이미지가 있어서 유튜브 구독자가 많은 편이에요.

3

정치컨설턴트의 세계

정책이
홍보다

편 정책 컨설팅도 한다고 하셨는데 각 지방자치단체에는 수많은 공무원이 있는데 왜 컨설팅이 필요한가요?

박 마케팅 개념이 서 있는 공무원이 많지 않기 때문이에요. 사실 공무원들의 가장 큰 문제는 본인이 그 분야의 최고 전문가라고 착각하는 거예요. 물론 해당 분야 정책의 전문가일 수는 있죠. 하지만 소비자인 국민이나 이해관계자가 이 정책을 어떻게 받아들일 것인지에 대한 조사를 사전에 치밀하게 해야 하는데 안 해요. 고작 한다는 게 공청회 정도인데 공청회는 일부 이해관계자만 참석하지 다수의 시민들은 참여하기 어렵잖아요. 더군다나 공청회가 파행으로 끝나는 경우가 많은데 여론 수렴이 아닌 어쩔 수 없이 거쳐야 하는 통과 의례로 여기는 게 아닌지 묻고 싶어요.

예를 들어, 기업에서 상품을 하나 출시한다고 하면 사전에 수요 조사를 하잖아요. 경쟁 제품과의 경쟁우위 지점이 무엇이며, 소비자의 기호에 들어맞는지, 가격의 적정선은 어디인지, 핵심 타깃 층이 누구인지 살펴보잖아요. 개발한 신상품이 시장에서 통할지 아닐지 조사해서 종합적으로 판단을 내리는 거죠. 그런데 중요한 정책을 내놓는 데 있어 소비자인 국민의 의견에 대해 사전 조사를 충분히 하지 않는다는 건 말이 안 되잖아요. 본인이 해당 분야 최고 전문가라 생각하고 수용성 측정 없이 정책을 강행하기 때문에 문제가 발생하는 거예요. 정책이 결정되고 추진할 때도 마찬가지예요. 발표된 정책을 사람들이 어떻게 생각하는지, 수정할 건 없는지 등에 대한 조사를 마쳐야 정책이 완결성을 띠는 거예요. 그런데 공무원 사회에서는 마케팅 개념이 실종되어 있어서 이런 과정을 거치지 않아요. 정책도 마케팅 개념을 도입하여 정책 품질 관리에 나서야 해요.

물론 구조적 문제도 한몫해요. 여론조사를 할 경우, 의회 감사에서 여론조사 자료 제출을 요구하거든요. 그러다 보니 더 움츠러들어요. 조사 결과가 원하지 않는 방향으로 나오면 후폭풍이 걱정돼 아예 조사를 하지 않는 거죠. 수용성이 낮거나 동의율이 낮은 정책을 시행했다는 질책을 받지 않으려고 하는 겁니다. 정책 추진 과정의 초기에는 조사 결과가 좋지 않았더라도 이후 수정·보완을 거쳐 수용성이 높은 정책이 되었다면 해당 공무원이나 부서의 공을 인정해 줘야 해요.

그래야 의회나 언론의 눈치를 보지 않고 소신껏 여론조사를 해 볼 수 있는 거죠. 이런 풍토를 개선하기 위해 외부 전문가의 손길이 필요해요. 정책 컨설팅이 필요한 이유가 여기에 있어요.

실제 컨설팅을 한 정책 중 지자체의 초기 방향에서 바뀐 사례가 있나요?

 편 실제 컨설팅을 한 정책 중 지자체의 초기 방향에서 바뀐 사례가 있나요?

 박 경기도를 예를 들어 볼까요. 이재명 지사가 당선됐을 때 인수위원회에서 만들었던 공약들이 있어요. 참신한 공약도 눈에 띄었지만, 그 공약들만 가지고는 도민들의 만족도가 높지 않을 것 같았어요. 도민이 원하는 분야의 공약이 별로 없었기 때문이죠. 이재명 지사가 성남시장으로 있을 때 시행했던 지역 화폐 등을 확장한 기본소득 등의 공약이 있었지만 좀 약하다고 판단했죠. 경기도민이 원하는 사항은 수도권과의 교통 접근성, 경기도 내의 이동 편리성, 그리고 미세먼지에 대한 방안, 일자리 확충 등이었으니까요. 그리고 경기도에는 31개 시, 군이 있는데 나 홀로 발전이 어렵기에 인근 지역과 연계한 발전전략이 필요한 상태였어요. '지역연계형 정책'을 발굴해야 하는 과제도 도민들의 요구 사항이었죠.

예를 들면 군포는 시 면적이 좁아서 시민회관이나 문화회관 같은 시민 편의 시설을 지을 땅이 별로 없어요. 그런데 인접해 있는 의왕은 땅이 넓어요. 그러면 의왕과 손잡고 군포시가 재정을 투입하여 의왕 시민뿐만 아니라 군포 시민이 함께 이용할 수 있는 시설을 만들자는 거죠. 이런 것이 지역연계형 발전 전략이에요. 서울 시민들이 청소년 자녀를 데리고 경기도 용인을 방문한다고 해 봐요. 용인에서 에버랜드와 민속촌을 보고 이천으로 건너가 도자기 체험도 하고 주말농장에서 토마토를 심을 수도 있죠. 또는 이천의 하이닉스에서 첨단산업단지 관람을 할 수도 있고요. 이렇게 용인과 이천이 함께 하는 코스를 개발할 수 있잖아요. 그래서 경기도는 지역연계 발전 전략이 중요하다고 컨설팅을 했죠. 그리고 여론조사를 해보니 도민들도 이에 대해 압도적으로 동의를 하더라고요. 이런 과정을 통해 정책 방향이 바뀌고 있어요. 이런 유사한 사례는 많아요.

편 지자체의 정책 방향과 차이가 발생하는 이유는 무엇 때문인가요?

박 방향이 바뀐다는 것은 보완 요소들이 생긴다는 거예요. 그래서 기존 정책 중에서 수정·보완하면 효과가 좋을 정책이 무엇인지 컨설팅을 하죠. 또 정책 꾸러미에서 빠진 정책을 알려 주기도 하고요. 경기도를 다시 예로 들면, 경기도는 산업정책과 더불어 교통이 민감한 지역이에요. 그래서 제가 제시한 슬로건이 '교통도 복지다'예요.

서울로 출퇴근하거나 경기도로 이동하는 직장인 입장에서는 교통이 중요하잖아요. 지하철에서는 소위 말하는 지옥철을 겪어야 하고 경기도 광역버스를 타보면 입석이 너무 많아요. 불만이 아주 많죠. 또 인근 지역 간에 이동할 수 있는 버스나 지하철이 매우 불편하게 돼 있어요. 역시 교통이 제일 중요한 과제였는데 이 문제를 어떻게 해결할 것이냐가 핵심이었죠. 직접 출근길에 버스를 이용해 보면 도민들이 얼마나 힘든지 바로 느낄 수 있거든요. 교통 문제 해결이 복지라는 것을 절박하게 느끼게 돼요. 그래서 긴급하게 2층 버스를 많이 늘린 거예요. 그런데 2층 버스를 반대하는 사람들의 논리는 출퇴근 때는 이용객이 많아서 괜찮지만, 낮 시간대에는 텅텅 빈다는 거죠. 물론 낮에는 손님이 적을 수 있어요. 교통을 복지에 대한 마인드 없이 접근해 효율성만 따지면 2층 버스를 확대 시행하지 못해요. 하지만 도민 편익을 위해 중요한 일이라 판단하면 복지를 위해 과감하게 투자를 하는 거죠. 행정이라는 것은 마인드에 따라서 완전히 달라질 수 있어요. 그런 면에서 제가 역할을 했죠. 이처럼 정책 방향성에 대해 자문하는 것이 정책 컨설팅입니다.

경기도에서 운행 중인 2층 버스. 이용객의 만족도가 높다.

지자체와 의견이 다르면 어떻게 하나요?

편 지자체와 의견이 다르면 어떻게 하나요?

박 정확한 여론 조사 결과를 근거로 제시하며 설득해야죠. 앞에서 얘기했듯이 저는 FGI 방식을 많이 사용해요. 찬성과 반대를 숫자로만 얘기하기보다는 시민이 체감하는 정책이 뭔지, 어떤 정책은 돈을 쏟아부었는데 왜 평가가 인색한지 등에 대해 알아보려면 FGI 방식이 적절해요. 사람들의 속내를 솔직하게 들어보는 방식이거든요.

민선 5기와 6기 성북구 사례를 들어볼게요. 당시의 김영배 구청장이 여러 가지 새로운 정책을 내놓았는데, 어떤 정책이 구민들에게 가장 높은 평가를 받는지에 대한 조사를 해 보자고 해서 제가 FGI 방식으로 조사했어요. 시민들에게 민선 5기 사업 중 가장 기억나는 일이 뭐냐고 물었죠. 정말 의외의 대답이 나왔어요. 그 당시 성북구에서 안심귀가 마을버스라는 걸 시행했는데 그 시행 방법도 참 소소했어요. 마을버스에 '안심귀가'라는 플래카드를 하나 붙이고, 밤 10시 이후에는 마을버스 다니는 코스 중에 정류장이 아닌 자기 집 앞 근처에서도 벨을 누르면 하차할 수 있게 한 게 다였어요. 성북구는 골

목길이 많아서 한적한 곳이 여러 군데 있었어요. 여성들은 밤 10시 넘으면 불안하잖아요. 그런데 택시처럼 버튼만 누르면 정류장이 아닌 곳에도 세워 주니 얼마나 좋겠어요. 비용이 드는 정책도 아니고요. 대대적인 홍보를 한 것도 아닌데 입소문을 타고 시민들이 알게 된 겁니다. 이게 바로 시민을 위한 정치, 시민을 위한 행정이라고 체감한 거죠. 가려운 곳을 딱 긁어 줬으니까요. 성북구가 박수를 많이 받았죠.

좋은 정책이란 이런 거죠. 몇십억 예산을 들여 홍보하는 정책보다 작지만 시민 체감형 정책이 더 효과적입니다. 그런데 잊지 말아야 하는 것은 FGI 조사를 했기 때문에 '안심귀가 마을버스'의 위력을 파악할 수 있었다는 거예요. 만약 성북구에서 아무런 조사를 하지 않았다면 확산 속도가 더뎠겠죠. 조사 이후 김영배 구청장에게 이 내용을 적극적으로 홍보하고 유사한 정책을 많이 발굴하시라고 했어요.

박원순 시장 1기 때도 기억에 남는 정책 중 하나가 '올빼미버스'였어요. 젊은이들이 많이 오가는 홍대입구역 부근에서 밤늦게까지 술을 마시거나 클럽에서 놀다가 새벽 1~2시에 귀가하려면 대중교통이 없어서 택시를 타야 하잖아요. 그런 고충을 해결하고자 서울시가 심야버스를 신설했어요. 새벽 2시

성북구에서 실시해 호평을 받은 '안심귀가 마을버스'.

서울시의 심야 전용 버스 '올빼미버스' 심벌마크.

부터 5시까지 다니는 노선을 몇 개 만든 거죠. 젊은 사람들이 아주 좋아했어요. 사람들은 이런 걸 원하는 거예요.

하나 더 예를 들어 볼까요? 이재명 지사가 했던 정책 중에 '닥터 헬기'가 있어요. 위급한 환자가 발생하면 헬기가 떠야 하는데 착륙할 장소가 별로 없어요. 고층 빌딩이 많고 아파트가 너무 촘촘히 있으니까요. 그러니 헬기 숫자를 늘리는 것도 필요하지만 이착륙을 할 수 있는 장소를 확보하는 것이 더 시급한 과제로 떠올랐죠. 그래서 학교를 생각해 낸 거예요. 초 · 중 · 고 운동장을 이용하면 손쉽게 해결할 수 있다고 판단한 거죠. 교육청을 통해 해당 학교 교장 선생님에게 동의를 구하면 되는 일이에요. 추가 비용을 들이지 않고 행정력을 발동해 해결한 거죠. 물론 소음이 발생할 수 있죠. 하지만 1년에 한 번 있을까 말까 한 일이고 우리 아이가 다칠 수도 있으니 모두 양해가 되는 거예요. 돈 안 들이면서 정말 가려운 데를 해결해 주는 것, 이런 게 정치의 영역이고, 행정의 역할이에요. 이 정책을 경기도의 대표 브랜드로 키우라고 조언했어요. 전국적으로 확산하면 더 좋고요. '닥터 헬기'는 유능한 정책의 대표적 사례라고 봐요.

높은 자리에 있는 사람은 새로운 정책이 너무 많아서 사

박원순 시장에게 메르스 대처 방안에 관해 브리핑하는 모습.

람들이 어떤 정책을 좋아하는지 몰라요. 그런 지점을 포착하는 것도 정치컨설턴트의 일이에요. 홍보 포인트를 찾는 거니까요. 그래서 시민들의 니즈가 어느 방향으로 형성되고 있는지를 파악해야 해요. 그런데 여론조사에 대한 이해가 없으면 이런 조사를 하지 못하죠.

4

정치컨설턴트의 세계

정치는
국민 인식과의 싸움이다

편 정치와 여론은 어떤 관계가 있나요?

박 여론은 기본적으로 민중을 위한 도구예요. 재벌이나 일용직 노동자나 모두 똑같은 한 명의 응답자니까요. 투표도 마찬가지죠. 재벌이 100표를 갖는 게 아니잖아요. 그래서 투표와 여론조사는 민주주의에서 힘없는 사람들에게 유용한 도구가 돼요. 그리고 여론조사는 민심을 읽는 척도죠. 모집단^{population}이 오천만이라 하더라도 표본조사를 통해 모집단의 생각을 대표성 있게 알아볼 수 있으니까요.

편 여론조사의 정확성에 대한 논란이 있지 않나요?

박 여론조사 자체는 정확해요. 그런데 왜 논란이 있을까요? 그전에 여론조사 방법에 대해 설명을 좀 할게요.

여론조사 방법으로는 RDD(Random Digit Dialing, 무작위 전화 걸기) 방식이 일반적이에요. 이 방법은 무작위로 전화해서 질문하는 방식이죠. 예전에는 전화번호부에 등재된 데이터만 가지고 조사를 했어요. 하지만 점차 집 전화 등재율이 낮아지고 유선 전화를 설치하지 않는 가정이 늘어나면서 현재 이 조사 방식은 사용하지 않고 있어요. 모집단을 대표할 수 없는 방식이기 때문이죠. 2010년 무렵부터 집 전화 RDD 조사 방식이 일반화되었고, 7~8년 전부터는 무선 전화 RDD 조사 방식이 대세를 이루고 있어요. 무선 조사가 전국 단위 조사에는 적용하기 쉬운데 총선 때 적용해야 하는 선거구 단위 조사는 불가하죠. 이를 개선하려고 선관위가 통신사의 협조를 얻어 휴대폰 가상번호를 선거구별로 받아 정당이나 언론사에 제공해 주는 제도를 만든 거예요. 지난 20대 총선 때는 정당에만 휴대폰 가상번호(일명 안심번호)를 제공해서 언론사가 안심번호를 사용하지 못했어요. 그래서 지난 총선 당시의 언론사 조사가 부정확했던 거예요. 무선을 배제하고 유선전화만 조사했기 때문에 보수 유권자가 과다 표집된 거죠. 유선 조사는 동일 연령층 중에 밤늦게 퇴근하는 진보적인 성향의 직장인들은 응답하기 어려운 구조적인 취약점을 안고 있으니까요. 게다가 요즘은 유선전화 자체가 없는 가구들도 많아졌잖아요.

그런 이유로 2016년 총선 때는 언론사 예측이 틀려서 비난을 많이 받았죠. 이 때문에 정당에만 제공하던 안심번호를 언론사에도 제공해 주도록 법 개정을 한 겁니다.

편 여론조사를 신뢰할 수 있다는 말씀이시죠?

박 이번 21대 총선부터는 언론사에 휴대폰 가상번호를 선관위가 제공을 하기 때문에 지난 총선의 오명을 벗어던질 수 있는 절호의 기회가 왔어요. 여론조사도 어떻게 하느냐에 따라 품질 차이가 크지만, 휴대폰 가상번호를 최소한 50% 이상 반영한 여론조사는 믿을 만합니다. 선관위 여론조사 공표 조건도 강화돼 왜곡된 여론조사가 공표될 확률은 과거 대비 크게 줄어들 거예요.

물론 여론조사 공개에 대한 규제는 있어요. 우리나라는 선거일 6일 전까지 조사한 것에 한해서만 공표가 가능해요. 그렇기 때문에 막판에 표심이 바뀌는 건 반영하지 못하죠. 외국은 3일 전 혹은 당일의 여론조사도 공표할 수 있는데 우리는 한계가 뚜렷해요. 하지만 출구조사는 상대적으로 정확해요. 당일 표심을 읽는 거니까요.

여론조사가 출구조사보다 부정확한 이유는 또 있어요. 여론조사는 실제 투표 여부와 관계없이 조사하잖아요. 하지만 실제 총선 투표율은 50% 중후반대예요. 여론조사에는 응했지만, 투표를 하지 않는 사람도 있을 수 있죠. 그래서 별도로 판별 분석을 해야 해요. 당신은 투표할 것인가 등의 질문을 포함해서 분석을 하긴 하는데 정확히 맞추기가 어렵죠. 반면에 출구조사는 투표한 사람들을 대상으로 당일 조사하는 거니까 훨씬 정확도가 높아질 수밖에 없죠.

여론조사는 어떻게 하는 건가요?

📧 여론조사는 어떻게 하는 건가요?

📧 여론조사는 크게 정량조사와 정성조사로 나눠요. 정량조사는 수치화할 수 있는 조사 방법을 말해요. 반면에 정성조사는 양적으로 측정할 수 없는 것을 읽어내는 것이죠. 저희는 여론조사를 잘하려면 양적 측정에 머물 게 아니라 시민의 내면을 읽어내는(속내를 잘 해부하는) 눈을 가져야 한다고 이야기해요. 정성조사를 능숙하게 다룰 줄 알아야 한다는 거죠.

정성조사 방법론으로는 포커스그룹 인터뷰^{FGI, Focus Group Interview}와 인뎁스 인터뷰^{IDI, In-depth Interview} 방식이 있어요. FGI는 집단심층면접이라고 해서 보통 8명으로 구성한 소그룹이 사회자의 진행에 따라 주제에 대해 토론을 하는 방식이고, IDI는 심층면접으로 응답자와 조사자가 일대일 상황에서 토론 가이드에 따라 설문을 진행하는 방식이에요.

여론조사 방법의 예를 들어 볼까요? A 후보를 100% 지지하면서 B 후보는 아예 염두에 두지 않는 사람이 있어요. 그 사람에게 전화 조사로 어느 후보를 지지하느냐고 물으면 당연히 A 후보라고 하겠죠. 그런데 A 후보는 51% 좋아하면서

B 후보도 49% 마음에 들어 누구를 찍을지 고민하는 사람이 있다고 합시다. 이런 시점에 그 사람에게 누구를 지지하냐고 묻는다면 그 사람은 고민하다가 A 후보라 답할 수 있겠죠. 아니면 잘 모르겠다고 할 수도 있고요.

자, 그럼 분석해 보죠. 100 대 0으로 압도적으로 A 후보만 생각하는 사람도 한 표이고, 51 대 49의 근소한 차이로 A 후보를 선택한 사람도 한 표라서 양적으로 카운트를 하면 두 표가 잡히겠죠. 하지만 강도가 다르잖아요. 한 명은 아주 강한 핵심 지지층이고, 한 명은 약 지지층이에요. 약 지지층은 언제든지 바뀔 수 있죠. 그런데 정량조사에서는 이런 상황을 측정할 수 없어요. 하지만 정성조사를 하면 지지 강도를 읽을 수 있어요. 51 대 49의 아슬아슬한 사람은 FGI를 통하면 발견할 수 있어요. A 후보 지지에 손을 번쩍 드는 사람, 서서히 드는 사람 다 다르거든요. 표정이나 강도를 보면 지지하는 강도가 다 드러나요.

만약 A 후보 약 지지층에게 B 후보에 대한 우호적인 정보가 많이 제공된다면 B 후보로 지지를 바꾸는 경우도 일어날 수 있어요. 이렇게 태도 변화의 지점을 파악하는 데 FGI의 목적이 있습니다. A 후보의 약 지지층이 어떤 내용 때문에 태도를 바꿨는지 알게 되면 B 후보의 홍보 전략을 세울 수 있거든요. 이런 과정을 거쳐 전략을 수립하는 거예요. 그래서 전략 리서치의 핵심이 FGI에 있다는 말이 있는 거죠.

도정평가 및 방향 설정을 위해 실시했던 FGI 모습.

선거에서 여론조사는 어떻게 활용되나요?

편 선거에서 여론조사는 어떻게 활용되나요?

박 선거에서 활용되는 여론조사 용도는 다양합니다. 여론조사는 전략을 수립하기 위해서도 하고, 정책이나 공약을 개발하기 위해서도 해요. 후보의 인지도와 경쟁력, 호감도를 측정하기 위한 시계열 분석도 하고, 본선에 들어가면 지지율 변화를 측정하는 판세 조사도 하죠. 이 중 전략을 수립하는 전략 리서치가 가장 중요해요. 이에 대한 노하우가 바로 정치컨설턴트의 중요한 포인트예요. 그걸 기획할 수 있고, 설문지를 만들 수 있고, 분석할 수 있고, 전략을 수립할 수 있는가가 꽝장히 중요한 포인트가 되죠. 선거 전략에는 후보의 PI 전략과 콘셉트, 목표 구도, 포지셔닝, 슬로건, 캠페인 방향, 액션 플랜, 구전 논리 등이 다 들어 있거든요.

조사 방법에도 노하우가 필요해요. 성, 연령, 지역을 묻는 질문을 제외하고 본 문항 기준으로 보면 ARS는 4~5개 문항 정도 질문하는 것이 좋고, 전화 조사는 10~15개 문항 정도가 적당해요. 선거가 본격화되기 전에 많이 물어보는 것이 좋아요. 선거 기간에는 여론조사 전화가 많아져서 사람들의 피로감이 증가할 테니 문항 수를 좀 줄이고요. 그리고 웹 패널(온라인 조사)도 있는데 이 경우에는 질문 항목이 30개도 가능해요. 온라인 설문에 참여하면 포인트 적립 등 소액이지만 보상을 해주기 때문에 질문 항목이 많아도 성실히 응답해 주는 장점이 있어요. 웹 패널 조사는 가설 검증에 매우 용이한 조사 방식이에요. 다만 주요 회사가 현재 보유하고 있는 패널 규모로는 광역단위 조사까지는 가능하지만, 선거구별 조사는 불가능하다는 단점이 있어서 총선에서의 활용도는 낮습니다. 향후 패널 규모가 많이 늘어나면 10년 후에는 총선 때 적용할 수도 있을 거예요.

조사 기관에 따라 여론조사 결과도 다른데
제각각인 데이터를 얼마나 신뢰할 수 있나요?

편 조사 기관에 따라 여론조사 결과도 다른데 제각각인 데이터를 얼마나 신뢰할 수 있나요?

박 여론조사 결과를 신뢰하지 않는 이유는 첫째, 주변 사람들의 여론이 전체 여론인 걸로 맹신하기 때문입니다. 대부분의 사람들은 자기와 비슷한 처지에 있거나 비슷한 연령대의 인물을 주로 만나잖아요. 변호사, 판사, 의사 등의 전문직에 있는 사람은 비슷한 처지의 엘리트들을 만날 것이고, 70대 어르신들은 어르신들만 주로 만나니까 주변 여론을 전체 여론으로 착각하는 거예요. 생활하면서 다양한 사람을 만나는 사람들은 그다지 많지 않아요. 만나서 정치 이야기를 꺼내는 사람들도 많지 않고요.

최근 흥미로운 조사 결과가 나왔는데 정치 문제에 대해 이야기를 꺼내는 사람은 주로 보수층이라는 겁니다. 진보층은 정치적 이슈에 대해 보수층과 말 섞는 것을 좋아하지 않는 것 같아요. 그러다 보니 보수적인 여론이 더 많다고 느껴질 수도 있겠다는 생각이 들더군요. 다수의 직장인들은 회사 생활하기 바쁘죠. 그 때문에 소수의 목소리가 크게 들리는 경우가 생길 수 있죠.

둘째, 여론조사 방식에 대한 몰이해 때문입니다. 여론조사를 불신하는 사람들이 하는 말 중에 여론조사 전화를 받았는데 나이를 물어 60대, 50대 이렇게 대답했더니 죄송하다며 통화를 끊었다며 믿지 못하겠다는 건데요. 여론조사는 성별, 연령별, 지역별 할당 기준이 있어서 정해진 해당 연령층의 응답 인원을 다 채우면 동일 연령층의 응답을 추가로 받지 않거든요. 그래서 통화를 끊은 건데 일부러 나이 먹은 층을 배제하는 것으로 오해하는 거죠.

셋째, 여론조사 기관마다 조사 결과가 너무 다르기 때문입니다. 조사 방법이 다르다 보니 차이가 발생하는 건데, 조사에 대한 이해도가 낮은 사람들이 볼 때는 이해가 잘 안되는 거죠. 사람 육성이 아닌 기계음으로 하는 ARS 조사는 정치에 관심이 많은 사람들 위주(정치 고관여층)로 응답해요. 응답률은 5% 미만으로 낮죠. 이들 응답층은 투표에서도 적극성을 띠는 사람들이에요. 반면에 상담원이 직접 통화하는 전화 면접 조사는 응답률이 10% 중반대로 비교적 높아요. 전화 면접 조사는 정치에 별로 관심이 없는 사람들(정치 저관여층)도

응답을 해주기 때문에 민심을 파악하는 데는 정확한 조사 방식이지만, 투표에 적극적으로 참여하지 않는 층이 포함돼 있어 선거 적중률은 떨어질 수도 있어요. 그런 면에서 투표율이 낮은 선거의 경우에는 ARS 조사가 더 적중률이 높을 수 있는 거죠. 그러나 대통령 선거처럼 투표율이 높은 선거는 전화 면접 조사가 더 정확하다고 볼 수 있어요. 대선 투표율이 70% 이상이니까요.

휴대폰과 유선 전화를 어떻게 안배할지에 대해서도 논란이 있긴 해요. 도시의 규모나 성격을 보고 적정하게 안배를 하는데, 보통 도시권은 휴대폰 조사를 80% 정도 반영하고, 농어촌 지역은 유무선 비율을 50 대 50 정도로 반영하고 있어요.

편 동일한 여론조사 데이터도 분석에 따라 다르게 해석할 수 있나요?

박 아니요. 여론조사는 분석에 따라 달라지는 것이 아니라 결과를 어떻게 해석할 거냐에 대한 해석의 포인트가 다른 거예요.

예를 들어, 컨설팅을 맡긴 후보의 지지율이 낮게 나왔다고 하면 그 이유를 찾아야 해요. 비호감도가 높은 원인이 뭔지 진단하고 그 원인을 낮추는 캠페인을 하는 거예요. 그다음 인지도를 높이는 전략을 마련해야죠. 만약 상대 후보와 비교해서 인지도가 비슷한데 지지율이 낮다면 경쟁력이 떨어지는 이유가 정당 요인인지, 인물 요인인지 분석해야 하고요. 인물 요인 중에서도 단순 자질 비교를 했을 때 어떤 부분에서 우위가 있고 밀리는지 조사해서 부각할 이미지를 결정해야 하고요. 선거 분위기가 차분한데 이슈를 터트려 시끄러운 선거로 바꿔야 하는 지도 검토해야 해요. 공약은 개발 이슈 같은 큰 공약을 내 걸지, 생활 밀착형 공약이 주요한지 등 판단해야 할 사항이 많죠.

공약을 예로 들면, 학부모에 필요한 유치원이나 학교 문제라든지, 대학생들에게 맞는 공약 등 작지만 맞춤형 공약인 경우에는 후보 이미지를 꼼꼼하게 챙기는 이미지로 가져갈 수 있어요. 큰 공약이 없으면 사람이 작아 보이지만 꼼꼼하다, 이런 상반된 평가가 있을 수 있잖아요. 그러면 큰 것도 하면서 작은 걸 배치할지, 이번 선거전은 큰 이슈를 중심으로 갈지, 작은 공약 중심으로 갈지 등을 전략 수립 시에 정해야 하는 거죠. 그래야 캠페인의 일관성이 확보되고, 선거의 주도권을 잡을 수 있어요.

지난 20대 총선에서
'여당 과반 붕괴'를 정확히 예측했는데,
민심을 읽어내는 비결은 무엇인가요?

⬛편. 지난 20대 총선에서 '여당 과반 붕괴'를 정확히 예측했는데, 드러나지 않는 민심을 읽어내는 비결은 무엇인가요?

⬛박. 조사 방법의 차이죠. 정량조사만으로는 민심을 읽을 수 없어요. 정성조사를 병행해야죠. 저는 FGI 방식을 사용해요. 2016년에는 휴대폰 가상번호 조사가 정당만 가능했어요. 그런데 민주당과 정의당에서 안심번호 조사를 우리 회사에 의뢰했기 때문에 정확히 측정된 정량조사와 FGI를 통해 읽은 민심의 기저를 종합적으로 분석해 선거 판세를 예측한 겁니다.

당시에 새누리당의 오만한 행태들이 있었잖아요. 일명 '옥새 파동(새누리당의 김무성 대표가 일부 선거구 공천에 대한 공천관리위원회의 추천장에 대표 직인 날인을 거부한 사태)'을 겪으면서 민심이 확실히 요동친다는 걸 재빨리 감지했죠. 그래서 민주당이 승리할 수 있겠다고 판단을 했고, 자신 있게 이야기를 했어요. 많은 데이터들을 분석했기 때문에 가능한 예측이었어요.

정치컨설턴트가
되려면

편 정치컨설턴트가 되기 위한 일반적인 방법을 알려주세요.

박 사실 코스가 정형화되어 있진 않아요. 하지만 가장 중요하고 기본이 되는 것은 세상 돌아가는 일에 관심이 있어야 한다는 거예요. 모든 길은 다 정치로 통한다는 말처럼 정치라는 영역은 사회, 문화, 경제가 다 맞물려 있기 때문이죠. 그리고 사람들의 삶에 대해 관심이 있고 애정이 있어야 해요. 정치라는 것은 시민에 대한 애정이나 삶에 대한 애정이 없으면 안 되거든요. 이를 바탕으로 해서 실무적으로 관련된 업무를 하면서 여러 가지 경험을 쌓아나간 후 정치 컨설팅 회사에 입사하는 것이 정치컨설턴트가 되는 가장 일반적인 방법이겠네요. 그런 식으로 적어도 10년 정도 이 일을 해온 사람들을 전문가라 칭할 수 있을 것 같아요.

편 실무와 관련된 업무라면 어떤 것이 있나요?

박 먼저 여론조사 기관에서 경험을 쌓는 것이 좋아요. 앞에서도 말했듯이 정치컨설턴트는 전략을 다루는 사람이기 때문에 여론조사에 대한 이해가 높아야 하죠. 특히 민심을 읽으려면 여론조사라는 도구를 반드시 활용할 줄 알아야 해요. 설문지를 만들고, 결과를 분석하고, 토론 등을 통해 여론조사에 대한 업무를 익히는 것이 좋습니다. 그리고 홍보나 광고, 미디어 관련 회사에서 마케팅 감각을 키우는 것이 좋아요. 관련 업계에서 메시지에 대해 배울 수 있고, 창의적인 사고방식도 키울 수 있기 때문이죠. 이런 실무적인 경험을 한 후 정치 메커니즘에 대한 이해를 하면 아주 좋겠죠. 관련 경험을 발판으로 전략 수립 능력, 메시지 능력, 크리에이티브 능력이 탁월하면 컨설턴트 업계에서 인정받을 수 있어요. 직관력, 통찰력까지 갖추면 금상첨화겠죠. 그렇게 경험을 쌓으면서 기량을 갈고닦으면 광역단체장 선거 등의 실전에서 성공사례를 만들 수 있을 겁니다.

편 유리한 전공이 있나요?

박 딱히 전공이 중요하지는 않지만, 사회학, 정치학, 경제학, 행정학, 신문방송학 등이 좀 더 유리할 수 있겠네요. 사회과학에 관심이 있으면 아무래도 좀 유리하겠죠. 정치컨설턴트 중에 심리학과 출신도 많아요. 이미지 전략이나 커뮤니케이션 측면에서 심리학도 강점이 있겠죠. 하지만 특정 학문에 능통하다고 해서 정치 컨설팅을 잘하는 것은 아니에요. 어디에서 출발하느냐의 차이일 뿐 정치 컨설팅 분야의 문은 넓게 열려 있는 편이에요.

정형화된 코스가 없어서 좀 막연한 거 같아요.
일상생활에서 준비할 수 있는 팁이 있을까요?

[편] 정형화된 코스가 없어서 좀 막연한 거 같아요. 일상생활에서 준비할 수 있는 팁이 있을까요?

[박] 정치는 우리 일상생활과 밀접한 관련이 있으므로 평소에 훈련을 하는 것이 좋아요. 첫째, 정치와 사회 문제에 대해 관심을 가져야 해요. 방송이나 신문, 뉴미디어 등에서 다루는 이슈에 대해 관심을 가지고 쟁점 이슈가 어떻게 흘러가는지 파악하는 것이 중요해요. 트렌드에도 민감해야 하고요. 정치 컨설턴트는 늘 깨어 있어야 하거든요. 그래서 저는 아이디어가 생각나면 바로 스마트폰 메모장에 적어놔요. 메모가 쌓이면 큰 자산이 되죠.

둘째, 정치적 이슈에 대한 자기만의 관점이 있어야 해요. 같은 문제에 대해 언론은 어떤 태도를 보이는지, 국민의 일반적인 의견은 무엇인지 확인하되 자신만의 의견을 만들 수 있어야 해요. 아울러 청와대나 정부 부처, 지자체의 의사결정 구조는 어떤지, 또 어떤 문제가 있는지, 주요 국정과제에 대한 민심은 어떤지 분석할 수 있어야 해요. 이런 과정들이 쌓이고 쌓이면서 실력이 일취월장하게 되는 겁니다. 물론 균형 감각이 바탕이 되어야 하겠죠. 그러려면 정리하는 습관이 필요해요. 특히 어떤 이슈가 생겼을 때 나 같으면 어떻게 할지를 반복적으로 생각해 보는 것이 좋아요. 내가 평론가라면 어떻게 분석할까, 내가 책임자라면 어떻게 해결할까 등 자신을 대입시켜 그 문제에 대해 끊임없이 고민하는 거예요. 그런 훈련을 하다 보면 문제가 발생했을 때 빠른 시간에 정확한 판단을 할 수 있는 힘이 생기죠.

마지막으로 상대방을 제압할 수 있는 기가 중요해요. 전략을 잘 세우는 것도 중요하지만 관철하는 것은 더 중요하니까요. 대통령 후보나 국회의원들을 앞에 두고 설득해야 하는 직업이니만큼 자신감이 있어야 하겠죠. 만약 대통령 후보 캠프를 맡았다면 그쪽의 참모들도 대단한 사람들일 텐데 그들보다 내공이 있어야 끌고 갈 수 있을 테니까요. 학창 시절부터 적극적이면서 강하게 자기 의견을 개진하는 연습을 해야 해요. 연습을 통해 설득력을 키워야 하죠.

편 준비해야 할 것이 많네요.

박 정치컨설턴트가 모든 걸 다 잘하면 좋지만 그렇다고 겁낼 필요는 없어요. 자기만의 주특기를 살리면 되거든요. 전략은 약한데 홍보 감각이 탁월할 수도 있고, 캠페인 실행력은 부족하지만, 전략 수립을 잘할 수도 있죠. 홍보는 약하지만 메시지를 잘 쓸 수도 있고요. 그러니까 사회에 대한 관심으로 두루두루 경험하고 섭렵하되 자신의 주특기를 명확히 세우는 게 유리하죠.

편 정치컨설턴트를 이해하는 데 도움이 되는 책이 있으면 소개해 주세요.

박 죠셉 나폴리탄Joseph Napolitan의 『정치컨설턴트의 충고』를 읽는 것이 도움이 될 거예요. 정치컨설턴트를 위한 교본과도 같은 책이죠. 최초의 정치컨설턴트라고도 할 수 있는 나폴리탄의 다양한 전략과 사례가 담겨 있어요. 나폴리탄은 1960년 존 케네디 대통령 선거와 1964년 존슨 대통령 선거에서 전략 참모로 활약했고, 세계적으로 이름이 알려지면서 미국뿐 아니라 해외 여러 나라의 수상이나 대통령 선거 후보들의 컨설팅을 도맡았어요. 정치컨설턴트를 지향하는 청년들은 물론 일반 대학생들이 읽어도 정치적 커뮤니케이션을 이해하는 데 도움이 될 거예요.

정치컨설턴트를 목표로 입사할만한 회사가 우리나라에 얼마나 되나요?

⬛ 정치컨설턴트를 목표로 입사할만한 회사가 우리나라에 얼마나 되나요?

⬛ 정치 컨설팅으로 이름이 알려진 회사는 20여 개 정도 됩니다. 정확한 수치는 아니지만, 선거 시즌에 활동하는 선거 기획사까지 포함하면 100여 개 정도 되지 않을까 싶네요. 선거 여론조사를 다루는 회사도 50여 개 이상이고요. 우리 회사에도 정치컨설턴트를 하고 싶다고 찾아오는 젊은 친구들이 있어요. 제가 방송과 유튜브로 알려져서 일을 배우고 싶다는 거죠. 대학 졸업하자마자 배우겠다는 친구들도 있고. 기특하죠. 일찍 시작할수록 남들보다 빨리 성장할 수 있어요.

⬛ 후배 양성을 위한 노력을 많이 한다고 들었습니다.

⬛ 네. 저는 후배들에게 제 노하우를 많이 알려주는 편이에요. 다양한 경험을 해봤기 때문에 더 많이 알려주고 싶어요. 처음 이 일을 시작했을 때 저도 선배들에게 배웠으니까요. 그래서 유튜브 채널인 <박시영의 눈>에서도 공개하기 어려운

내용들까지 공개를 하는 편이에요.

이 일을 잘 하기 위해서는 자신의 강점을 만드는 게 좋아요. 저 같은 경우에는 방송이나 유튜브에서는 해설하는 입장이지만 원래는 진행을 더 잘하는 편이에요. 그래서 FGI도 제가 항상 진행했죠. 이런 진행자를 모더레이터Moderator라고 하는데 회의에서 토론을 진행하고 분쟁을 중재하며, 유용한 결과를 도출하기 위해 문제 해결을 유도하는 역할을 하는 사람이에요. 지난 10여 년 동안 400~500그룹을 진행했어요. 아마 정치 분야에서 모더레이터를 이 정도로 진행한 사람은 우리나라에서 몇 명 안 될 거예요.

특히 우리 회사처럼 전략을 세우는 회사는 FGI를 많이 해야 하거든요. 저는 9일 동안 19그룹을 쉬지 않고 한 기록도 있어요. 아마 경이적인 기록일 거예요. FGI는 한 번 진행할 때 보통 두 시간씩 하는데, 하고 나면 에너지가 다 빠지거든요. 그래서 보통 하루에 두 그룹 이상은 하지 못해요. 8일 동안 매일 하루에 두 그룹씩 진행했는데 마지막 날에는 한 그룹을 더해서 하루에 세 그룹을 진행했죠. 창업 초창기였고 젊을 때라 가능했던 거 같아요. 사실 모더레이터는 아무나 못 해요. 모더레이터만 전문으로 하는 프리랜서인 경우 한 그룹 진행하는 비용이 40~50만 원 정도인 것으로 알고 있어요. 프리랜서 모더레이터는 마케팅 쪽에 많아요.

전략을 세우려면 모더레이터를 해봐야 해요. 그래서 우리 회사도 직원들이 경험할 수 있도록 기회를 많이 주고 있어요. 트레이닝을 시키는 거죠.

편 정치 노선이 확실해야 하나요?

박 아니요. 그건 상관없어요. 다만 유권자의 이념적 스펙트럼이 어떻게 형성되고 있는지는 알아야 하죠. 그래야 컨설팅을 할 수 있을 테니까요.

본인의 정체성과 비슷한 고객들을 대상으로 일을 하게 되면 마음이 편하고 시너지가 날 수 있지만, 본인의 정체성과 정반대의 고객을 만날 수도 있는데, 일하다 보면 잘 몰랐던 그쪽의 풍토와 강점을 자연스럽게 알게 돼 시야를 넓힐 수 있는 계기가 되기도 해요. 정치 컨설팅 회사 중에는 특정 정당 고객을 많이 자문하는 곳도 있고, 여야 가릴 것 없이 고객을 맞이하는 곳도 있어요. 메이저급 정치 컨설팅 회사는 정치 성향에 따른 고객 차별은 하지 않지만, 당선 가능성이 높은 후보를 좀 더 선호하긴 하죠.

어떤 성격이 정치컨설턴트에 적합할까요?

편 어떤 성격이 정치컨설턴트에 적합할까요?

박 외향적인 성격이 잘 맞을 것 같지만 꼭 그렇지도 않아요. 오히려 내성적인 성격과 외향적인 성격이 절반 정도 섞여 있으면 가장 좋은 것 같아요. 왜냐하면 정치컨설턴트는 선동가가 아니거든요. 붕 떠 있으면 안 돼요.

내성적인 성격이라 남 앞에 나서는 것을 힘들어하는 사람이어도 걱정할 필요는 없어요. 그런 경우엔 전략으로 승부하면 되거든요. 전략을 잘 세워서 문서로 말을 하는 거죠. 문서를 잘 쓰는 것도 엄청나게 중요한 능력이에요. 물론 대면해서 설득하는 것이 효과적이긴 하지만, 목소리가 작고 표현력이 부족하면 페이퍼를 잘 쓰면 돼요. 브리핑할 때 확 휘어잡지는 못해도 문장력으로 극복할 수 있어요.

어떤 일이든 전문가로 성장하려면 여러 요소들이 맞물려야 하겠죠. 하지만 부족한 요소가 있다면 그걸 채우는 노력도 필요하겠지만, 한편으로는 본인의 강점 요소를 살리는 것이 더 좋을 수 있어요.

그리고 이 직업은 꼼꼼해야 해요. 숫자를 다루고 분석

을 해야 하기 때문이죠. 영국의 경제학자 앨프리드 마셜Alfred Marshall이 말한 "가슴은 뜨겁게 머리는 차갑게cool heads but warm hearts"처럼 사람에 대한 애정이나 정의에 대한 갈망은 뜨겁게 가지되 판단은 냉철해야 한다는 거죠. 이처럼 정치컨설턴트는 자기 철학이 분명히 있어야 해요. 그래야 세상을 움직일 수 있어요.

나도
정치컨설턴트

Case 1

학급과 학교 회장 선거

학교의 학급 혹은 학교 회장도 투표를 통해 학생들이 직접 선출하고 있죠? 여러분 친구 중에 회장 후보로 나선 친구가 있다면 어떤 도움을 줄 수 있을까요? 책에서 설명한 내용을 바탕으로 선거 전략을 수립해 봅시다. 전략을 짜려면 무엇부터 검토해야 할지 순서대로 써 보세요.

학생들의 니즈(Needs) 파악

• 학교생활 불만요인 중 학생자치를 통해 개선될 수 있는 사항이 무엇인지 파악한다.

• 임기 내 실천이 가능하고 학생들의 관심도가 높은 사안이 무엇인지 알아본다.

• 전임 회장에 대해 학생들의 평가가 어떤지 살펴본다.
  : 공약 이행 수준, 책임감, 솔선수범, 소통 등의 측면에서의 평가를 확인한다.

• 학생들이 생각하는 회장의 범위는 어디까지인지 알아본다.

• 선호하는 차기 회장의 스타일이 무엇인지 알아본다.

상황 분석

• 후보로 나서는 내 친구에 대한 학생들의 평가는 어떤지 파악한다.

• 내 친구와 경쟁할 후보들에 대해서도 학생들의 평가를 알아본다. 단, 후보별 평가를 할 때는 최대한 다양한 학생들의 의견을 들어야 한다.

• 학생들의 의견을 토대로 후보별 강점, 약점 등을 정리한다.

- 어느 후보가 인기를 얻고 있는지 파악하고 앞서는 이유를 분석한다.

선거전략 수립

1. 선거 성격 규정을 한다.

이번 선거가 어떤 선거가 되어야 할지 규정하는 것이다. 단, 다수의 학생이 동의하면서도 우리에게 유리한 방향으로 정해야 한다.

2. 후보의 이미지 방향을 세운다.

내가 지원하는 후보가 어떤 리더로 학우들에게 인식되게 만들지 목표하는 이미지 방향을 세워야 한다. 이미지를 만들 때는 후보에게 잘 어울리면서 학우들이 원하는 이미지여야 한다. 또한 다른 후보들과 대척점이 분명한 요소여야 한다.

3. 짧고 선명한 캐치프레이즈(슬로건)를 준비한다.

4. 실천 가능한 핵심 공약 3〜5가지를 일목요연하게 정리하여 반복 사용한다.

5. 선거의 방향을 정한다.

공약으로 캠페인을 주도할지, 아니면 리더십 등 자세로 경쟁할지 정하고, 논리적으로 설득할 것인지, 감성적으로 호소할 것인지 결정한다.

6. 학생들에게 인기가 많은 친구를 우리 쪽으로 끌어들이도록 노력한다.

7. 트렌드를 적극 활용한다.

펭수나 아이언맨 등 캐릭터 옷을 착용해 톡톡 튀는 캠페인을 기획하는 것도 방법이다.

여론조사

2019년 말에 선거법이 개정되어 21대 총선부터는 만 18세의 청년들에게도 투표권이 쥐어졌습니다. 투표 연령이 만 19세에서 만 18세로 한 살 낮아진 거죠. 이 때문에 50만 명의 청년 표가 어디로 향할지 정치권의 관심이 매우 큰데요. 만 18세의 대부분은 대학교 1학년 또는 재수생이고, 10% 내외인 약 5만 명이 고3 학생입니다. 과연 이들의 정치 성향은 어떨까요? 이들의 정치적 판단에 영향을 미칠 요인이 무엇인지 살펴봅시다. 무엇을 측정해 보면 좋을지 순서대로 써 보세요.

가치관과 정치의식 파악

- 어떤 세상을 바라고 있으며 정치권에 대한 요구 사항이 무엇인지 알아본다.
- 정치에 대한 관심도가 어느 정도이며, 어떤 측면에 관심이 있는지 파악한다.
- 주요 정당에 대한 인지도, 연상 이미지, 지지도 및 호감도 등을 살펴본다.
- 정치 효능감이 어느 정도 있는지 점검한다.
- 현 대통령에 대해 어떻게 생각하는지, 가장 좋아하는 대통령과 정치인은 누구인지 살펴본다.

부모님의 영향

- 부모님이 평소 정치 문제에 대해 관심이 많은지 파악한다.
- 부모님과 정치·사회문제에 대해 의견을 나눈 적이 있는지, 부모님이 어느 정당을 지지하는지 확인한다.
- 부모님이 특정 정당이나 후보를 찍으라고 권유한다면 어느 정도 영향을 받을 것인지 알아본다.
- 부모님의 고향이 어느 지역인지 확인한다.

- 정치권 소식을 다루는 TV 뉴스, 신문, 유튜브를 자주 시청하는 편인가?
- 위 언급된 매체 중 주로 어떤 매체나 프로그램을 보는가?
- 접촉하는 매체의 정치적 주장을 대체로 신뢰하는 편인가?
- 접촉하는 매체의 주장에 대체로 동조하는 편인가?
- 주변 친구들의 정치적 판단에 어느 정도 영향을 받는가?

투표 판단 기준

- 입시제도 등 교육정책에 대한 관심은 어느 정도인가?
- 젠더 이슈, 군대 문제, 국가 안보 등에 대한 관심도는 어느 정도인가?
- 청년 문제 중 정치권이 가장 시급하게 해결해 주길 바라는 사안이 무엇인가?
- 청년 문제 해결에 가장 적극적인 노력을 기울이는 정당은 어디라고 생각하는가?
- 정책 공약, 후보의 능력 등 자질, 도덕성, 소속 정당 중에서 후보 선택 시 어떤 점에 초점을 둘 것인가?
- 투표 참여 의향은 어느 정도인가?

정치컨설턴트
업무 엿보기

"

정치컨설턴트의 하루가 궁금하죠?

총선을 3개월 앞두고 있는 어느 날입니다.

제가 어떤 하루를 보냈는지

따라와 보세요.

"

07:45

오늘은 TBS 교통방송의 시사 프로그램인 <김어준의 뉴스공장>에 출연하는 날이에요. 이렇게 아침 방송이 있는 날은 새벽부터 일과를 시작해야 해요. 경기도에 살고 있어 서울까지 이동거리 때문에 더 일찍 준비해야 하죠. 잠이 부족할 때도 가끔 있어요. 그럴 때면 주말에 몰아서 보충해요. 잠이 보약이에요.

회사를 운영하고 있어서 직원들과 회의가 빈번해요. 직원들이 맡은 업무를 충실히 하고 있지만, 판단이 어려운 사안의 경우에는 대표 의견이 중요하기 때문이죠. 고도의 전략적 판단이 필요한 사안의 경우는 제가 관여를 하고 있어요. 아직도 실무에서 벗어나지 못해서 더 바쁠 수밖에 없어요. 저를 대신할 수 있는 직원을 하루빨리 키워내는 것이 중요하겠죠?^^

10:00

회의가 끝나면 각종 보고 자료를 검토해요. 오늘은 몽골에서 의뢰한 선거 관련 자료가 있네요. 그 외 청와대 여론조사 설문 문항을 검토하고 주요 후보 여론조사 의뢰와 슬로건 등을 확인해요.

13:00

외부 강연도 많아요. 내일은 천안에서 선거에 출마할 예비 후보 자를 대상으로 한 강연이 있어요. 강연에 필요한 원고를 정리하는 것도 중요한 업무죠.

15:00

YTN 프로그램인 <더 뉴스> 방송도 하고 있어요. 방송 출연
이 있는 날은 더 바쁜 하루를 보내요. 방송에서는 주로 공공정
책, 여론조사 관련한 진행 상황 점검을 해요.

16:00

의정부갑에 출마할 의향이 있는 문은숙 씨가 찾아와 미팅을 했어요. 선거 출마 의뢰자 미팅에서는 선거에 대한 전반적인 상황과 제공 서비스 등을 설명해요.

17:00

그 외에도 여러 방송에 출연하고 있어요. 요즘처럼 총선을 앞둔 시기에는 후보자들의 선거 진행 상황 점검과 대책 마련 등 온종일 정신없이 뛰어다녀야 해요.

19:10

차기 대선후보 진영과 저녁 약속이 있는 날이에요. 보통은 영업을 위한 저녁 약속을 하지 않는 편인데, 최근 선거가 다가오다 보니 미팅을 원하는 분들이 많아져 부득이하게 식사 자리나 술 자리가 많아지고 있어요. 하지만 관계 형성이 목적이 아니라 콘텐츠로 승부하고 있기 때문에 이런 미팅에 대한 스트레스는 별로 받지 않는 편이에요.

정치컨설턴트
박시영 스토리

편 어린 시절이 궁금해요. 부모님은 어떤 분이셨나요?

박 아버님이 교사 생활을 잠깐 하셨어요. 그 후에 장사를 하셨고, 평범한 가정에서 자랐어요.

어렸을 때 꿈은 축구 선수였어요. 학교 축구부였죠. 학교에서는 4교시 수업만 하고 주로 운동을 했어요. 그러다 보니 초등학교 저학년 때는 공부를 제법 했는데, 6학년이 되면서는 그게 좀 힘들더라고요. 상식만으로는 시험을 잘 치르기 어려우니까요. 그러면서 공부와는 점점 멀어졌죠.

편 어린 시절 특별히 기억에 남는 일이 있나요?

박 초등학교 6학년 때가 1980년이었어요. 광주민주화운동이 일어난 해요. 전국 대학에서 데모가 있었고, 전북대학교에서도 데모가 있었어요. 그 여파로 고향인 전주에서도 축구 대회가 열리지 않았어요. 그래서 스카우트되기가 어렵게 됐죠. 결국, 중학교를 축구부로 진학하지 못했어요. 그렇게 축구 선수의 꿈을 접었어요.

편 중·고등학교 때는 어떤 학생이었나요?

박 평범한 학생이었어요. 축구부로 진학하지 못했으니까 공부를 해야 했는데 정작 공부는 하지 않고 친구들과 어울려서 동네 축구하고 그렇게 지냈어요. 결국 재수해서 건국대학교 경제학과에 입학했어요. 사실 큰형이 연세대학교 경제학과, 둘째 형이 서강대학교 경제학과예요. 그 영향을 받은 셈이죠.

편 대학 생활은 어땠나요?

박 에피소드를 하나 소개하자면, 경제학과 수업 시간에 교수님이 수요·공급에 대해 강의하는데 내 책에는 그런 내용이 없어요. 저는 교재를 사지 않고 형이 쓰던 책을 가지고 갔거든요. 그런데 그 책에는 그런 내용이 없는 거예요. 알고 보니 경제학에도 주류, 비주류가 있어요. 흔히 말하는 수요·공급은 주류 경제학에서 다루는 내용이죠. 내 책은 제목은 경제학인데 내용이 전혀 달랐어요. 선배에게 물어보니 학생운동에서 주로 다루는 정치경제학이었더라고요. 그게 계기라면 계기로 학생 운동을 했어요. 부총학생회장을 해서 수배를 받기도 했죠.

편 정치, 언제 어떻게 관심을 갖게 되었나요?

박 앞에서도 말했듯이 '노사모'가 계기가 됐어요. 우연한 기회에 제안을 받아서 모임에 나가게 됐어요. 모임에 나온 사람들이 자신을 소개하면서 노사모에 참여하게 된 이유를 말하는데 정말 사연이 다양하더라고요. 단지 고향이 전라도라는 이유로 군대에서 구타를 당한 사람도 있고, 고졸이라 차별을 당한 경험이 있는 사람도 있었죠. 그런 사연으로 지역감정을 바꾸고 싶다든지, 학력 차별이 없는 사회를 만들고 싶어서 노사모에 참여했다는 말을 듣는데 노사모가 정말 대단하다는 걸 느꼈어요. 운동권 조직이 아니라 자기 생활에서 느끼는 불평등을 해소하고 싶은 사람들이 모여 있는 공간이었으니까요. 희망이 있다고 생각했어요. 그리고 학력, 직업, 고향을 묻지 않는 불문율이 참 마음에 들었어요.

편 노사모 초창기 멤버인가요?

박 아뇨. 노사모 창립 배경을 설명하자면 2000년 16대 국회의원 선거에서 새천년민주당 후보로 부산 지역구에 출마한 정치인 노무현이 지역주의를 넘지 못하고 낙선한 데 안타까움을 가진 네티즌들에 의해 인터넷을 통해 만들어졌어요. 당시 정치판을 지배하고 있던 지역주의에 대한 비판과 아쉬움을 가졌던 386세대를 중심으로 한 청·장년층의 자발적인 모임이죠. 우리나라 역사상 정치인으로서는 처음으로 결성된

팬클럽이었기 때문에 주목을 받았어요. 4월 총선 후인 5월쯤 결성이 됐는데 저는 7월 정도에 들어갔어. 가입 순서로 보면 3,000번 정도라 할 수 있죠. 그 뒤로 지지자가 많이 늘어나서 8만 명까지 됐어요.

🔲 노사모에서 어떤 활동을 했나요?

🔲 제가 학생운동을 했다는 이력을 알고 있는 사람들이 이런저런 권유를 했고, 저도 노사모라는 모임이 희망적이기 때문에 대선 때 본격적으로 활동을 하기 시작했어요. 국민경선단 대책위 공동위원장, 노사모 사무총장으로 100만 서포터스 '희망돼지' 사업을 기획했죠.

대선에서 승리한 후에는 네티즌 기반 시민단체인 '국민의 힘'이라는 모임을 통해 유권자 바로 알기 운동을 전개하기도 했고, '열린우리당 국민참여운동본부'에서 당직자로 일하기도 했어요. 2004년 총선 후에 청와대에 들어가서 여론조사 업무를 맡았죠.

🔲 정치컨설턴트라고 인식하게 된 시기는 언제인가요?

🔲 청와대에서 여론조사 업무를 하면서부터인 것 같아요. 그

때부터 여론조사를 기초로 해서 선거 전략을 세우는 일을 할 것 같다는 생각을 했으니까요. 저는 여론조사를 통해 민심을 읽잖아요. 그런데 정치인 중에는 굉장히 주관적으로 판단하는 경우가 많더라고요. 이런 사람에게는 민심을 정확하게 알려 주는 게 필요하죠. 제가 그런 역할을 할 수 있겠더라고요.

게다가 여론조사에 종사하는 사람들은 조사 방법론에 대해서 아는 것이지 정책적 해결 방안을 제시하지는 못하더라고요. 그런데 정부든 공공기관이든 여론조사를 의뢰하고 나면 결국 마지막에는 시사점을 내달라고 요구해요. 10년 전만 해도 여론조사업체는 여론조사 결과만 생산하면 됐는데 용역을 발주하는 기관들의 요구 수준이 점차 높아져 여론조사기관들이 애를 먹고 있어요. 조사 결과는 알았으니까 어떻게 해야 하는지 알려 달라는 거죠. 구체적인 액션 플랜을 포함해 어떤 방향으로 나가야 하는지, 즉 개선 방안을 제시해 달라는 거예요. 자신들이 알고 싶은 것은 조사 자체에 있는 게 아니라 조사 결과에 드러난 의미를 살려서 고객만족도 및 정책이해관계자의 수용성을 높일 수 있는 정책적 방안을 찾아내는 것이 목적이라고 강변하는 겁니다.

예를 들어 교통 분야 공공기관이 교통정책 평가 조사를

의뢰했다면 조사 결과를 토대로 교통정책과 관련한 시민의 반응 측정 정도를 넘어 시민 체감도 높은 교통정책에 대한 아이디어를 제시해야 하는 범주까지 요구한다는 거죠. 그런데 여론조사기관의 연구원들은 설문지 작성, 조사 결과 분석 등 여론조사 분야의 전문가이긴 하지만 해당 정책 분야의 전문가는 아니잖아요. 하지만 조사에 따른 해결 방안을 제시해야 하기 때문에 울며 겨자 먹기 식으로 교통정책 전문가들에게 조사 결과가 어떤 정책적 함의가 있는지 정책 자문을 받죠. 비용을 별도로 지불하고요. 조사 따로, 시사점 따로인 이원적 구조로 운영되는 시스템이었죠.

이처럼 해당 기관의 특성에 맞는 대응 기조나 정책적 방향 등을 요구하니까 결국은 여론조사 영역을 넘어 컨설팅 영역으로 넘어가게 되는 거예요. 당연한 현상이죠. 조사·분석을 통해 진단했다면, 다음은 처방과 솔루션이 뭐냐는 질문이 나올 수밖에 없으니까요.

편 그런 필요성에서 정치 컨설팅, 정책 컨설팅 전문 회사를 설립한 거군요.

박 그렇죠. 시간이 흐를수록 정부 부처나 공공기관, 지방자치단체도 단순 여론조사 의뢰에서 '여론조사 및 컨설팅' 영역으로 요구 수준이 높아질 것으로 판단했어요. 여론조사를 여러 번 발주해 본 공공기관일수록 그러한 요구는 더 많으리라 생각했고요. 매해 여론조사를 하는데 정책 활용도가 낮으면 내부에서 비판적인 목소리를 피할 수 없을 테니까요.

또한, 단순 여론조사가 아닌 컨설팅을 포함한 프로젝트를 추진하는 것이 용역 발주처의 효용성 측면에서도 더 좋아요. 정책 개선 효과, 용역 기간 단축, 비용 절감 등 직간접적 효과가 크거든요. 조사와 외부 자문을 각각 따로 받았음에도 품질이 높지 않으면 컨설팅을 포함해서 다시 의뢰해야 하는 상황이 발생할 수 있으니까요. 그러다 보면 용역 발주처 입장에서는 여론조사와 컨설팅을 한꺼번에 할 수 있는 업체를 더 선호하게 되겠죠.

공공 분야에서 정책 컨설팅 영역이 본격화되는 시기가 점차 올 것이라고 봤어요. 시장성을 읽은 거죠. 선점해야겠다고 판단했어요. 정치 역시 선거 때만 활동하며 후보의 홍보물을 제작하는 선거기획사의 형태가 아닌 정당이나 정치인에게 상시적인 전략을 자문하며 여론을 심층 분석하는 등 맞춤형 서비스를 제공하는 전문적인 정치 컨설팅 기관이 각광을 받을 거라고 확신했어요. 국회의원들도 초선, 재선 때 이름을 떨치지 않으면 생존하기 힘들다는 인식이 형성되고 있어 체계적인 컨설팅을 요구하는 시장이 늘어난다고 봤던 거죠. 또, 유명한 정치컨설턴트가 많지도 않은 것 같았고요. 내가 이 일을 잘 할 수 있겠다는 자신이 생겼죠. 저는 선거 결합도 해봤고, 실무를 통해 전략을 세우는 방법도 터득하면서 내공이 쌓여 회사를 만들 결심을 하게 된 거예요.

편 일을 참 좋아하는 것 같아요.

박 좋아하는 일을 직업으로 갖는 것만큼 좋은 게 없죠. 사실 정치는 우리 생활에 꼭 필요하고 중요한 영역이라고 생각해요. 게다가 저는 정치라는 영역을 좋아하고 적성에도 잘 맞아서 감사할 따름이에요. 게다가 정년이 따로 있는 일이 아니라서 오래 할 수 있는 것도 장점이죠.

편 좋아하는 정치인이 있나요?

박 정치인으로는 노무현 대통령을 가장 좋아해요. 대통령으로는 김대중 대통령과 문재인 대통령을 좋아하고요. 물론 노대통령도 대통령으로 좋아하기도 하지만 정치인으로서 더 좋아했던 것 같아요.

정치인 노무현은 본인이 하려고 했던 일, 특히 지역구도 해체, 특권 타파 등의 신념을 일관되게 관철했잖아요. 정치 행위를 통해 보여주었던 그 노력이 사람들에게 울림을 줬죠. 권위주의를 내려놓았고, 특권을 해체하기 위한 노력을 많이 했으니까요.

편 대통령으로는 김대중 대통령을 좋아한다고요.

박 김대중 대통령은 굉장히 노련했어요. 그분은 20~30년 동안 대통령 수업을 했잖아요. 40대 때부터 대통령에 도전하면서 본인이 지향하는 바가 명확했으니까 대통령이 되고 나서 준비된 일을 할 수 있었죠. 남북정상회담에서 평화의 물꼬를 텄고, 생산적 복지에서 복지에 대한 길을 열었고, 벤처 기업을 육성해서 미래 성장력을 확보했어요. 호남 출신으로 소위 빨갱이로 몰리기까지 해 도저히 될 수 없는 조건에서 기적처럼 대통령이 된 분이죠. 김대중 대통령이 있었기 때문에 노무현 대통령이 있었다고 봐요. 그런 면에서 김 대통령은 통치 부분에서 상당히 귀감이 되는 분이죠.

편 정치컨설턴트로서 앞으로의 목표는 무엇인가요?

박 미국은 대통령 선거가 끝나면 당선자와 함께 가장 주목받는 인사가 바로 선거를 승리로 이끈 정치컨설턴트예요. 대통령의 핵심 참모로 막강한 영향력을 행사하는 경우가 많기도 하지만 백악관뿐 아니라 기업이나 다른 나라에서도 러브콜을 보내는 등 전략가로서의 가치를 높이 평가하기 때문이죠. 그래서 대부분 백악관에 입성해요. 그리고 대통령이 이 사람 덕분에 내가 대통령이 됐다고 공개 석상에서 발언하기도 하죠. 우리나라도 그런 풍토를 만드는 것이 목표예요. 대통령마다 파트너로 같이 뛴 정치컨설턴트가 있잖아요. 오바마에게는 데이비드 액설로드, 부시는 칼 로브, 클린턴은 딕 모리스 등의 경우죠. 미국은 어떤 컨설턴트가 누구를 돕느냐를 상당히 중요하게 생각해요. 막강한 컨설턴트가 지원하는 후보가 당선 가능성이 높다고 언론이 평가하기도 하고요. 그 자체로 메시지가 되는 거죠.

사실 우리 사회에서는 그동안 중요한 전략을 세우고 캠페인을 이끈 사람들이 조명을 많이 못 받았어요. 대통령이 공개적인 석상에서 이 사람에게 도움을 받았다, 이런 전략가가 있었기 때문에 승리할 수 있었다는 얘기를 하지도 않고요. 앞으로는 제가 아니더라도 누가 됐든지 정치컨설턴트가 공개적으로 대통령 당선에 기여를 했다는 인식을 하게 만들고 싶어요. 본인의 능력뿐만 아니라 전략의 힘으로 당선이 되었다는 점을 깨닫게 하고 싶고, 객관적으로 사람들에게 증명하고 싶어요. 이 과정을 통해 정치컨설턴트라는 직업이 또 한 단계 도약하는 계기가 되지 않을까 생각합니다. 그래서 다음 대선 때는 누구를 선택할 것인지 깊게 고민하고 있어요.

또 다른 목표는 저의 컨설팅으로 대통령을 3명 정도는 만들고 싶어요. 그렇게 15년 정도 일하고 은퇴해서 가족과 여행 다녀야죠.

편 마지막으로 정치컨설턴트를 꿈꾸는 청년들에게 한 말씀 부탁드려요.

박 우리 청소년 중에는 대통령이 되겠다는 꿈을 가진 사람도 있을 거예요. 그런데 대통령 못지않게 대통령을 만드는 사람이 되고 싶다는 꿈을 가지는 청년들도 많았으면 좋겠어요. 모두가 대통령이 될 수는 없으니까요. 축구로 예를 들면 히딩크 또는 박항서 감독이 되는 거죠. 주요 선수를 놓고 이 운동장을 지배한다고 생각해 보세요. 얼마나 짜릿해요. 이기기 위해서 전략과 전술을 가르치는 거죠. 정치판의 히딩크가 될 수 있어요. 자신의 주도하에 대통령이나 국회의원 혹은 도지사, 시장을 만들 수 있어요.

정치컨설턴트로 성장하면 정치평론, 시사평론은 물론 방송계 진출까지 영역이 확장될 수 있고, 국회의원에 출마해서 직접 정치를 할 수 있는 기회도 생기죠. 또한 미국이나 선진국의 흐름으로 볼 때 미래에 더욱 주목받고 전문성을 인정받을 수 있는 직업이에요. 우리 젊은이들이 많이 도전했으면 좋겠습니다.

진로와 직업 탐색을 위한
잡프러포즈 시리즈 31

대통령을 만드는
정치 I
컨설턴트

2020년 3월 16일 | 초판 1쇄
2023년 7월 25일 | 초판 4쇄

지은이 | 박시영
펴낸이 | 유윤선
펴낸곳 | 토크쇼

편집인 | 김정희
디자인 | 디큐브
마케팅 | 김민영

출판등록 2016년 7월 21일 제2019-000113호
주소 | 서울시 서초구 나루터로 69, 107호
전화 | 070-4200-0327
팩스 | 070-7966-9327
전자우편 | myys327@gmail.com
블로그 | http://blog.naver.com/talkshowpub
ISBN | 979-11-88091-74-4 (43190)
정가 | 15,000원